Fabio Viola

GAMIFICATION
I videogiochi nella vita quotidiana

Copyright © 2011 by Arduino Viola
All rights reserved.

ISBN 9788890572814

Stampato in Italia

Prefazione

Nel Natale 2009 mi recai, come di consueto, in Puglia per far visita ai parenti. E' il nostro ritrovo abituale, i nuclei parentali sparsi in giro per l'Italia e Mondo ritornano per pochi giorni per rivedere i propri cari, scambiarsi i regali e festeggiare.
Casa mia era gremita di zii, zie, cugini e parenti di ogni ordine e grado convenuti per il grande pranzo del 25 Dicembre. Sciolte le righe, non dopo una corposa mangiata, vagabondavo tra le stanze in cerca di qualcosa da fare.

Il ritratto che mi appresto a descrivere potrà sembrare surreale, ma è un reale spaccato di vita.
In quella che fu la mia cameretta, trovo mio cugino di diciassette anni impegnato in una gara a *Tony Hawk Pro Skater,* simulazione di skateboard per Playstation 2. Armato di pad il suo alter ego virtuale si destreggiava in contesti urbani eseguendo trick da paura.

Proprio il mondo dei videogiochi tradizionali, è al centro della prima parte dell'opera.

Nel primo capitolo, **Siamo tutti giocatori**, si ascrive a ciascuno di noi, indipendentemente dalla sua cornice geografica e culturale, una tendenza innata a giocare nelle varie forme possibili. Tendenza dimostrata archeologicamente sin dal 3000 a.c. quando i primi set completi di "board game" vennero rinvenuti in Mesopotamia ed Egitto. Questa presenza costante nei nostri DNA si è palesata in forme e contesti diversi nel corso della storia abbracciando senza distinzioni di sorta giovani e anziani così come donne e uomini.

Dopo un primo paragrafo volto a definire il concetto di gioco, il racconto prosegue esaminando il fenomeno dei Giochi di Carte che, non tutti forse sanno, è nato come un passatempo tipicamente femminile tanto da poterlo annoverare come il primo "casual game" femminile. Le meccaniche di giochi come il "Solitario" sono state talmente indovinate da riscuotere analogo successo nella versione cartacea e nelle prime trasposizioni digitali, ad esempio come "embedded" game, gioco preinstallato gratuitamente nei primi sistemi operativi Microsoft Windows 3.0. L'azienda guidata dal giovane Bill Gates scelse proprio un gioco per guidare l'alfabetizzazione al mouse e drag & drop, un primordiale e perfetto esempio di "Gamification".

Il primo capitolo si chiude con l'analisi di un successo cross mediale come "Chi Vuol Esser Milionario", fortunato format in grado di diventare "massive" indipendentemente dalla piattaforma di pubblicazione: show televisivo, gioco per cellulare, gioco PC, gioco in scatola.

Il secondo capitolo, **Generazione Digitale,** si muove all'insegna di quelli che gli americani chiamano "digital native" alla base della rivoluzione non solo video ludica che nell'ultimo decennio ha stravolto completamente il modo di consumare l'entertainment e di conseguenza la sua produzione agevolando il passaggio dall'epoca analogica a quella digitale. Nel capitolo oltre a provare ad assegnare alcune caratteristiche tipiche di questa nuova generazione di giocatori (Generation G), si entra nel merito delle "disruptive technologies" che hanno provocato la morte dei grandi colossi del passato come Polaroid, Blockbuster e Tower Records in favore di analoghi servizi digitali connotati da business model di nuova generazione. Nella musica iTunes, nel cinema Nextflix e nel gaming "boxed" PC, con fatturati dimezzati nell'ultimo decennio, servizi come Steam per il digital delivery.

Il terzo capitolo, **Da Giocatore a Videogiocatore,** prende spunto dalla disamina di un dato, mai nessuna generazione di console casalinghe ha superato i 250 milioni di unità vendute. Nonostante la storia ormai più che trentennale, dal Magnavox Odyssey alla Playstation 3, le console hanno fallito nel tentativo di allargare la propria base utenza. A fronte di quasi sette miliardi d'individui nel mondo, tutti accomunati dalla presenza del Gioco nel proprio DNA, solo il 4% della popolazione ha abbracciato il divertimento interattivo basato sui Pad. Un fallimento di penetrazione, ma non di fatturato con una crescita costante dagli albori ai $77 miliardi del 2009, intervallata unicamente dalla crisi del 1983 che vide crollare Atari anche a causa della nuova concorrenza dei PC game.

Nintendo è stata la prima, col lancio del Wii nel 2006, a cogliere i mutamenti in atto avviando un primo tentativo di massificazione basato sull'hardware. Non più un utilizzo nel chiuso della propria cameretta perpetrando la logica della digitalizzazione di una decina di tasti, ma un vero e proprio centro di divertimento per tutti da sfoggiare in salotto attraverso i movimenti del corpo. La scommessa è stata vinta, l'azienda nipponica guida le vendite nel mercato "next gen" doppiando i suoi diretti concorrenti Microsoft e Sony.

Una delle immagini proposte esemplifica perfettamente la semplificazione apportata da Nintendo per parlare ad un pubblico diverso dai soliti cliché. L'abbattimento delle barriere di ingresso ha contribuito a far entrare il Wii nelle strutture per anziani e navi da crociera come momento di socializzazione e svago oltre ogni differenza di età e sesso. Non è un caso se il Wii Controller ricordi fisicamente la conformazione dei telecomandi televisivi, strategia volta a conferire sin da subito un senso di familiarità con l'estensione corporale in grado di mediare tra la nostra volontà e la grafica su schermo. Altresì non è un caso se per peso e forma si adatta ergonomicamente alla mano femminile, in netto contrasto con l'impugnatura maschile dei controller Xbox.

Il quarto capitolo, **Videogiochi Mass Market**, è l'ultimo a soffermarsi sul mercato tradizionale dei videogiochi, intesi come "boxed game" per console e PC. Nella parte iniziale si pone l'accento sulla mancanza di sperimentazione ed originalità, problema sempre più dirimente man mano che i budget necessari tendono a crescere da una generazione di console all'altra. Non sorprende che titoli altamente innovativi, *Shenmue* e *Psychonauts*, abbiano ottenuto premi e consensi dalla critica ma scarsi risultati di vendita gettando spesso i Publisher in guai economici. *Psychonauts*, ad esempio, vendette solo 90.000 copie provocando un dissesto per Majesco: il CEO dovette dimettersi, le azioni in borsa crollarono e gli azionisti intentarono una class action contro il management!

Vengono individuate tre strade attraverso le quali i Publisher hanno provato ad allargare il bacino potenziale di acquirenti.

In primis vi è la strategia muscolare che nell'ultimo biennio ha trovato in Activision Blizzard il dominus indiscusso. *Call of Duty*, nelle sue ultime declinazioni Modern Warfare 2 ed il recente Black Ops, ha dato il via ad una hollywoodizzazione del gaming. Budget da centinaia di milioni di dollari per creare e promuovere il prodotto, focus sul dayone ed il risultato è una formula magica che ha permesso al primo Publisher mondiale di sbancare per due volte consecutive il "box office" frantumando non solo i record dell'industria video ludica ma più in generale di quella entertainment. CoD batte Batman: Il Cavaliere Oscuro ed Harry Potter! Il limite di questa strategia è la mancata espansione al di là dei confini della piattaforma, nella migliore delle ipotesi i cinquanta milioni di possessori Xbox360 potranno acquistare il gioco, non si riesce a spingersi oltre!

Una seconda strada riscoperta pesantemente nella metà degli anni 2000 è quella dei "Mimetic Interface Games", giochi che, attraverso specifici hardware o periferiche, consentono ai giocatori di cimentarsi in emulazioni virtuali di azioni compiute realmente. Si pensi alla saga di *Guitar Hero* e *Rock Band* dove apposite periferiche riproducono fedelmente strumenti musicali reali rendendo molto più semplice la curva di apprendimento e divertente l'atto di giocare. Esaminando la TOP 10 console game più venduti in Italia nel Q1 2010 si nota come il 60% della classifica sia appunto occupata da Mimetic Interface Games grazie al successo delle piattaforme Nintendo. Si spazia da *Mario Kart* venduto in bundle col volante a *Wii Fitness* con Balance Board passando per *Pokemon Argento Soulsilver* rilasciato con l'accessorio PokeWalker.

Infine si ripesca un approccio attualmente poco percorso ma che nella storia è riuscito a generare dei veri e propri bestseller. Si parla dell'allargamento dei metodi di distribuzione in negozi estranei al target di riferimento. Non tutti sanno che il canale edicola negli anni 80 generò più vendite dei negozi di elettronica e specializzati grazie al fenomeno delle collection su cassetta per piattaforma Commodore 64. Ancora negli anni 90, grazie all'enorme successo di giochi come PC Calcio, le edicole erano una valida alternativa per la distribuzione grazie alla capillarità della rete vendita ed alle condizioni vantaggiose (un edicolante trattiene una percentuale inferiore ad un MediaWorld).

Non solo edicole, soprattutto in Giappone si sono sperimentate iniziative interessanti. Un aneddoto curioso riguarda la commercializzazione di *Mr. Mosquito 2* (Ka) in Giappone, Sony per la prima volta siglò un accordo con un'importante catena di farmacie per l'esposizione e vendita del gioco PS2 in quel canale. Inutile dire che questa strategia potrebbe aiutare il mercato dei videogiochi ad aggredire specifiche nicchie. Un simulatore di aerei venduto negli aeroporti come lo vedreste? Un gioco femminile basato su acconciature esposto in tutti i saloni di parrucchiere?

Si chiude il post con il packing di *Deer Hunter II*, simulatore di caccia in grado di generare milioni di unità vendute nei primi due anni di commercializzazione grazie alla splendida strategia marketing in grado di portare verso il titolo un'ampia fetta di non giocatori. Il titolo fu venduto nelle armerie americane, luoghi frequentati dai cacciatori per rifornirsi di armi, proiettili ed attrezzatura da caccia. Anche grazie al prezzo di soli 20 dollari, il gioco fu un successo per PC tanto che a distanza di quasi vent'anni è ancora rilasciato su iPhone (2009) e Palm Os (2010).

Nel corridoio trovo mia cugina di dodici anni col suo fedele amico. Non parlo di una persona in carne e ossa ma del suo piccolo cellulare Nokia, ottenuto in regalo dai genitori dopo molti litigi e regole ferree di utilizzo. Un telefono standard dotato di poche funzionalità evolute, tra di esse la compatibilità con i giochi java. All'atto di acquisto erano già presenti alcuni giochi base con i quali mia cugina è solita sollazzarsi nei momenti morti della giornata. Quando si è giovani, si cade spesso in fissazioni, nel suo caso un clone di Puzzle Bubble. Inutile chiederle di variare prodotto, i suoi le hanno bloccato il traffico dati necessario per collegarsi al suo operatore telefonico e selezionare qualche novità. E cosa di più noioso di un ritrovo di parenti adulti in cui si è la più piccina?

Con il quinto capitolo, **L'Era dei Mobile Games**, inizia il viaggio nel mondo del gioco su supporti digitali andando ad esaminare il fenomeno del *mobile gaming*. I giochi su cellulare rappresentano, a ormai dieci anni dai loro esordi commerciali, uno dei trend in maggior crescita nel panorama dell'industria dei videogiochi. Nel mondo vi sono oltre quattro miliardi di abbonati a servizi di telefonia mobile, un bacino immenso al quale gli sviluppatori di giochi possono teoricamente accedere. Per dare un'idea della penetrazione, nella sola Italia vi sono più sim attive che abitanti. La penetrazione di un hardware è il primo passo indispensabile alla massificazione di un software.

Ma la sfida è tutta nuova. Gli sviluppatori si trovano a lavorare innanzitutto su un device nato per comunicare e non per giocare. Non più il classico bacino di riferimento, ma una miriade di persone differenti per età, sesso, classe sociale, cultura, geografia con cui dialogare attraverso nuovi modelli di game design, distribuzione e monetizzazione.

L'antesignano di questo nuovo mercato fu Snake, il gioco del serpentone che molti di voi avranno trovato pre-caricato nel proprio terminale. Dal 1997 ad oggi sono state quasi mezzo miliardo le persone che hanno effettuato almeno una sessione di gioco con questo casual game rendendolo di fatto uno dei prodotti più popolari di tutti i tempi cross platform. Eppure Tameli Armanto, ingegnere Nokia che realizzò il prodotto, non ottenne nessuna gratificazione economica da questo successo!

Il capitolo dedica ampio spazio alla storia del mobile gaming dal 1997 al 2008, anno che segnò una cesoia temporale per il passaggio dai java game agli smartphone game ormai incarnati da Apple. La scelta di questa impostazione è stata dettata dalla mancanza a livello mondiale di una storicizzazione del fenomeno, ed a distanza di una decade mi sembrava doveroso fornire un primo, sebbene veloce, contributo. Se il capitolo è più lento rispetto ai precedenti, lo stesso non si può dire per il mondo dei giochi su telefonino che son passati da zero a circa quattro miliardi fatturati nel 2010, e la crescita continua!

Anche su questa piattaforma i giochi sono stati spesso utilizzati per creare personalizzazione, engagement ed alfabetizzazione. Tra gli esempi proposti l'utilizzo dei primissimi online mobile game per lanciare i servizi di connettività wap. Eppure in pochi mesi l'allora Omnitel (oggi Vodafone) attirò ben 50.000 giocatori nonostante il proibitivo costo di 210 lire per ogni minuto di connessione. Un qualcosa di incredibile, è come se Tiscali o Infostrada utilizzassero i giochi per lanciare i loro nuovi servizi di banda larga! I volumi di download iniziali furono così sorprendenti da spingere Tim a realizzare spot televisivi con Omar Gabriel Battistuta per lanciare *Fifa Football 2003 Mobile* o Wind a diventare un publisher video ludico commissionando la realizzazione di un gioco di Martin Mistere.

Archiviata la parte "Storica", si passa ad analizzare il fenomeno "one touch game", una categoria di giochi che per la prima volta contribuì a differenziare questa filiera dai cugini maggiori delle console e dei PC. Si trattava di titoli casual giocabili mediante la pressione di un unico tasto. Questo filone del design nacque in Corea archiviando uno straordinario successo di critica e download perché finalmente in grado di capire l'utenza di riferimento. Giochi di ruolo, racing, action per quanto scaricati non rispondevano spesso alle esigenze tipiche della mobilità. Mentre si aspetta un autobus o si è in fila alle poste, è necessaria un'esperienza di gioco in grado di completarsi nell'arco di pochi minuti. Nacquero così successi come *Skipping Stones* e *Johnny Texas*, i primi germogli di una tendenza mobile casual ripresa a piene mani dai successi odierni come *Angry Birds* o *Cut the Rope*.

A chiudere il quinto capitolo, una panoramica sui metodi alternativi di distribuzione. Tradizionalmente i giochi scaricabili su cellulare hanno alle spalle filiera standardizzata, composta dallo sviluppatore che affida ad un publisher il gioco. Quest'ultimo sigla accordi di distribuzione con gli operatori nazionali, così facendo il prodotto è finalmente acquistabile dall'utente finale che si vedrà defalcato il costo dell'operazione. Pur di entrare in questo lucrativo mercato, nuovi player introdussero canali alternativi di distribuzione. Dai titoli pre-caricati nelle memorie dei telefoni (embedded game) ai giochi su supporti fisici esterni (SD Games) passando per il meccanismo ad-funded che prometteva di veicolare i giochi gratuitamente sopperendo al mancato introito pay per download con la pubblicità di terze parti.

Una curiosità: il gioco mobile più venduto di tutti i tempi è Tetris con relativi sequel. A Gennaio 2010 si contavano oltre 100 milioni di download a pagamento, una soglia interessante in cinque anni di vita non trovate? Il tutto per la gioia di Electronic Arts che ne gestisce i diritti!

Anche mio zio, il padre di mia cugina, aveva un cellulare tra le mani. Non uno qualsiasi, uno smartphone BlackBerry che fa' tanto manager. Mi piacerebbe poter raccontare che era assorto in una sessione ad Arkanoid ma così non era. Consultava semplicemente la posta, vizio in cui incappo spesso a mo' di tic. Per la narrazione si farà finta che stesse giocando, aiutandoci a compiere un passo in avanti nell'evoluzione delle forme di gioco in mobilità.

Il sesto capitolo, **Il Mondo degli Application Stores**, entra nel vivo di uno dei temi più caldi del momento. Il 26 giugno 2008 ha rappresentato una cesoia importante nella distribuzione di contenuti digitali, in particolar modo i giochi. La nascita dell'App Store di Apple, seguito a ruota da decine di altri store digitali, ha sancito l'avvento di un'era di self publishing dove ciascuno di noi può diventare agevolmente sviluppatore e distributore della propria idea. Il nuovo paradigma degli "Ecosistemi Aperti" permette di raggiungere immediatamente un'audience globale abbattendo i costi tipici della distribuzione fisica.

Ad oggi publisher come Ubisoft hanno in ciascuna nazione chiave: uffici, impiegati, fornitori, costi di adattamento packing e manualistica, budget marketing etc etc. Ora tutto questo scompare immediatamente, un'unica sede centrale da cui gestire tutti gli aspetti del ciclo vitale del prodotto. Questa enorme diminuzione dei costi e l'abbattimento delle barriere burocratiche di accesso ha consentito di toccare quota 60.000 giochi disponibili per i device Apple e il miliardo di dollari introitato al netto dalle aziende nei primi due anni. Un'era dell'abbondanza che ha contribuito ad una massificazione dell'esperienza ludica tra non giocatori, sintomatico il primo posto dei giochi tra le categorie presenti sullo store sia per numero applicazioni che fatturato generato.

Ad una nuova libertà di pubblicazione fa eco una libertà di monetizzazione. Ai modelli tradizionali tipici dei giochi console ed online, si affiancano vocaboli nuovi come "In-App Purchase", Ad-Funded, Lite Version in grado di dar vita a forme inedite di interazione tra lo sviluppatore e la customer base. Nel libro sono prese in esame diverse case history, tra le tante il casual touch game *Angry Birds* sviluppato da Rovio. Il gioco, ad oggi oltre cinquanta milioni di download, incarna l'essenza di una strategia cross platform. Dapprima rilasciato su iPhone alla soglia minima di 79 centesimi, ha visto una prima fase di conversioni su altri store come PalmOs, Nokia Ovi,

Android Market e GetJar. In una seconda fase l'estensione ai web app store come i neonati IntelUp e Mac App Store, l'idea era di sfruttare l'hype mobile spingendo molti di loro a duplicare l'acquisto per poterlo giocare su grande schermo. La fase tre segna il passaggio dal mondo digitale a quello fisico con l'estensione del brand sotto forma di pupazzi e gioco in scatola. Nel giro di dodici mesi un semplice gioco low cost è diventato un "full entertainment product".

Per la prima volta le nicchie possono essere colpite andando a creare prodotti che altresì non avrebbero mai trovato spazio. Emblematico è il caso del sottogenere dei giochi di trial su due ruote. Da anni scomparsi dai radar console, nell'ultimo biennio abbiamo assistito al successo di *Trials HD* su Xbox Live Arcade e *Stick Stunt Biker* su App Store a dimostrazione di quanto di inesplorato vi è ancora nel mondo del gaming. Addirittura il concetto si può estendere al fenomeno delle "crap app", ovvero le applicazioni spazzatura. Liberalizzare i processi distributivi significa anche aprirsi a prodotti come *iFart*, riproduttore di flautolenze in grado di raggiungere la vetta dell'App Store.

Il capitolo si chiude con la disamina dei prodotti Glocal, giochi espressamente targetizzati per colpire nicchie geografiche. A fronte dell'indubbio vantaggio di poter lanciare il proprio prodotto su oltre settanta nazioni con un semplice click, gli application store consentono di settare la disponibilità anche su singole basi nazionali. Da qui la produzione di titoli basati su giochi tipici nazionali, in Italia garage developer hanno costruito discreti successi con applicazioni calcistiche o giochi di carte come la Briscola facendo leva su passioni autoctone.

Tra le strategie più riuscite quella dell'americana Tapolous con il suo gioco musicale Tap Tap Revenge. Prima ancora del lancio ufficiale di App Store, l'azienda immise sul mercato "pirata" copia del suo gioco. Il risultato furono 600.000 giocatori che in seguito vennero monetizzazione attraverso banner e cross selling con nuovi capitoli della saga. Se inserita in una strategia complessiva, anche la pirateria può essere un volano e non una perdita di risorse. Per inciso, Disney ha acquisito Tapolous per oltre 40 milioni di dollari a due anni dalla sua nascita!

Nello studio trovo mia zia, mamma di due splendidi bambini, alle prese col Personal Computer. Mi sporgo per vedere meglio e noto il browser aperto su Facebook. Fin qui nulla di strano, ormai il social network è una sorta di internet dentro internet con ben diciannove milioni di italiani iscritti. Magicamente sul PC appare una fattoria, la vedo intenta a raccogliere dei frutti. Non c'è dubbio, è uno dei cinquanta milioni di giocatori *Farmville* sparsi per il mondo

Il settimo capitolo, **Il gioco Diventa Sociale**, trae la sua origine nel 2007, quando l'emergente social network americano Facebook apre per la prima volta la piattaforma ai suoi utenti consentendo la realizzazione di piccole applicazioni da condividere con gli amici. Un'innovazione inizialmente snobbata dalla stampa e dalle grandi corporation, ora è la piattaforma di gioco numero uno al mondo con circa 260 milioni di "giocatori" attivi mensilmente. I garage developer della prima ora hanno ceduto il passo a società come Zynga che nell'arco di tre anni sono passate da zero a 5 miliardi di dollari di valutazione con oltre 1500 impiegati. Questa cavalcata è stata possibile grazie ad un nuovo paradigma di sviluppo, totalmente improntato su dinamiche virali e di condivisione dell'esperienza con amici reali.

Il profilo del social gamer è una donna, spesso mamma, di quarantatre anni con una buona capacità di spesa. Una profonda discrasia col target tipico dei videogiochi che portato con sé una diversificazione dell'offerta rispetto ai tradizionali giochi di azione, platform e rpg. Nell'ultimo biennio hanno fatto capolino simulatori di fattorie, hotel, ristoranti, shopping, acquari e zoo. Si può parlare di "Recognition Games" che attingono alla quotidianità, per essere immediatamente fruibili da tutti. Le barriere sono state ulteriormente abbattute dalla modalità free to play condivida da tutte le applicazioni social.

La massificazione dell'esperienza ludica ha dato vita a "mostri" come *CityVille* di Zynga che conta 100 milioni di MAU (monthly active users) dopo un solo mese di vita. Per dare un'idea, Mario Bros nella sua trentennale storia su decine di piattaforme con circa cinquanta tra sequel e spin off, ha venduto meno di duecento milioni di copie.

La risposta degli sviluppatori agli iniziali problemi di monetizzazione è stata l'introduzione di una "Virtual Goods Economy". Milioni di oggetti virtuali hanno fatto la loro comparsa dando la possibilità ai giocatori di acquistarli ad un prezzo medio di un dollaro, salvo raggiungere in contesti eccezionali anche valori di centinaia di migliaia di dollari. Grazie all'influsso del mondo orientale dove sono nati, i virtual goods sono oggi un business tra i cinque e i sette miliardi di dollari nel 2010 con prospetive di crescita a doppia cifra nei prossimi anni. Una valanga di virtual item che rispondono a precise istanze umane: volere qualcosa di più, esprimere la propria personalità e socializzare.

Tra i tanti aneddoti e case history, interessante segnalare come durante le festività natalizie del 2008 nel gioco Facebook Pet Society sono stati venduti oltre sessanta milioni di alberi e decorazioni natalizie. Eppure questi virtual goods non avevano influenza alcuna sul gameplay, erano puramente "decorativi". La spiegazione psicologica risiede nella volontà di condividere con una platea mondiale la propria propensione al Natale. Mentre gli addobbi allestiti nella propria casa reale vengono visti da una manciata di parenti ed amici, un albero virtuale nel gioco Playfish può ricevere migliaia e migliaia di visite contribuendo alla condivisione mass market del proprio ego.

Creare un proprio se stesso virtuale, avatar, influenza il modo di vivere il prodotto ed addirittura i parametri fisici. Uno studio condotto dallo Stanford University Lab ha appurato che chi gioca con un avatar personalizzato ha dieci battiti cardiaci in più rispetto a chi ne utilizza uno di default.

Il capitolo si chiude esaminando come una simile moltitudine di persone possa dar vita a forme ibride di interazione tra reale e virtuale. *Farmville* di Zynga, che all'apice del successo contava ottanta milioni di MAU, è stato oggetto di numerose sperimentazioni in partnership con catene commerciali e aziende del mondo food. Recandosi nei punti vendita 7Eleven, migliaia di punti vendita sparsi per il mondo eccetto che in Italia, era possibile acquistare una completa linea di prodotti alimentari e bevande brandizzate *Farmville*. L'appeal del marchio presso milioni di individui nel mondo ha contribuito a prolifiche vendite di panini e snack alimentate dalla possibilità di riscattare dei virtual goods esclusivi in-game.

Gli intrecci non finiscono al solo marketing, i social game sono spesso diventati importanti strumenti di "virtual charity". Sempre in *Farmville* sono stati raccolti circa 900.000 dollari in beneficenza per i bambini di Haiti grazie all'acquisto di virtual gift e virtual good creati per l'occasione.

Nel 2009 hanno iniziato a far parlare si sé i "branded virtual good", riproduzioni digitali di brand o personaggi reali accreditati di un giro d'affari vicino ai 15 milioni di dollari nel 2010. Il rapper americano Snoop Dogg, in collaborazione con l'agenzia Virtual Greets, ha lanciato una collection di virtual item ufficiali rendendoli disponibili in WeeWorld, Gaia Online ed una serie di altri giochi online e social. Le statistiche di WeeWorld, mondo virtuale teen oriented con oltre trentasei milioni di utenti registrati, mostrano come gli oggetti virtuali Snoop Dogg ottengono un moltiplicatore di 2.5 rispetto al più venduto oggetto (non brandizzato) a parità di prezzo. Snoop Double Dogs, v-goods di lui con due cani, vende cinque volte più degli altri animali della categoria Cweetures.

L'ottavo ed ultimo capitolo, **Gamification**, è quello più vicino al concetto originale del vocabolo che ha dato il nome all'intera opera, nel senso di meccaniche di gioco all'interno di contesti non ludici. Il primo paragrafo trova il suo esempio pregnante nel servizio **Nike Plus**, dove tecnologia e principi di game design si fondono per dar vita ad un prodotto vincente. I neofiti e professionisti della corsa possono oggi creare delle missioni di massa, sfide il proprio partner o stabilire missioni come correre 100 km in dieci giorni o mantenere una velocità media di almeno 8 km orari. Nike ha introdotto i "power up" sotto forma di canzoni speciali in grado di fornire l'adrenalina necessaria per l'ultimo sprint. Se a tutto questo aggiungiamo una struttura a punti, livelli ed avatar si capisce quanto peso abbia il gioco in questa soluzione adottata da milioni di corridori nel mondo.

Il secondo paragrafo si focalizza sul mondo dei giocattoli. I videogiochi sono sempre più pervasivi anche nel segmento bambini. La crisi dei giocattoli tradizionali ha spinto i produttori a cercare forme sempre più intrecciate di reale/virtuale, un esempio su tutti i **Webkinz**. Una linea di peluche lanciata dalla canadese Ganz con la particolarità di un codice segreto da utilizzare in un mondo virtuale.

Nell'etichetta apposta sull'animaletto è contenuto un codice segreto con il quale l'acquirente diventa proprietario di un peluche virtuale cui dovrà prestare le proprie cure. La connessione al pannello di accesso del sito internet www.webkinz.com è gratuita per la durata di un anno. Per partecipare all'evoluzione, il bambino dovrà guadagnare della moneta virtuale e partecipare a diverse attività del sito (giochi e quiz di cui molti di essi di natura didattica), che gli permetteranno di cambiare lo spazio vita del peluche e di apprendere nuove attitudini. La comunità è grandissima e le iterazioni tra gli utenti del sito sono multiple, assolutamente sicure e controllate grazie al sistema di frasi pre-costruite.

Infine uno sguardo sul futuro, la possibilità concreta che il gaming, sia casual che hardcore, sia veicolato direttamente su TV senza ulteriori accessori. E' la mission di **Onlive**, società americana che ha iniziato lo scorso giugno il roll out commerciale negli USA per arrivare in Europa tra fine 2011 e 2012. La rivoluzione del "cloud gaming", giochi ad altissima qualità, gli stessi delle console next gen, veicolati via streaming su ogni tipo di piattaforma. Tutti i possessori di connessioni di 5mbit possono giocare a Mafia II direttamente su televisori abbattendo problemi di costi e set up iniziali. La società ha già acquisito un'iper valutazione di 1.8 miliardi di dollari per il potenziale altamente distruttivo per le manifatture console ed i punti vendita.

La televisione è destinata a diventare uno strumento All in One col quale tutta la famiglia potrà interagire per vedere film, ascoltare musica, consultare notizie e giocare mediante telecomando, controller o motion control in stile Kinect. In Italia un esempio del nuovo trend è arrivato dalla Net Tv di Philips che dal 2010 ospita *Ancient Legion*, un MMORPG che sfrutta la connessione della tv al doppino telefonico per dar vita a forme di sfide multiplayer ed interazione a mezzo chat.

Nel 2015 l'analista FutureSource prevede il 99% di penetrazione di IP Enabled device in Europa occidentale, ogni televisore sarà una potenziale console dove installare widget o servizi alla Onlive…pronti alla rivoluzione?

L'autore Fabio Viola

Fabio Viola è il fondatore di due società operanti nel mondo entertainment, Mobile Idea s.r.l. e DigitalFun s.r.l., quest'ultima incubata da Ericsson dopo aver vinto il premio EGO come migliore start up tecnologica dell'anno nel 2008. Le sue società lavorano a stretto contatto con firme leader nel segmento videogame/new media: Electronic Arts, Vivendi Games Mobile, Namco, Digital Chocolate, Neomobile, RCS Digital, Digital Bros, Burda I:C, Flycell, Engineering e numerose altre.

Ad un lavoro per "third parties", ha affiancato la gestazione di original ip interni. Degni di nota il gioco di ruolo cross platform Ancient Legion e il social game Fanta Serie A.

Fabio Viola sin dal 2002 ha focalizzato la sua attenzione sul Digital Entertainment rivestendo un ruolo di pioniere nelle nuove forme di creazione, distribuzione e fruizione dei contenuti digitali. Ha avuto modo di vivere direttamente la nascita del mercato dei java game nel 2002 e del fenomeno social gaming nel 2007 lavorando a stretto contatto con il quartier generale europeo di numerosi leader di mercato. Nel 2010 una "mindblowing" presentazione di Jesse Schell al Dice 2010 lo ha turbato e scosso a tal punto da folgorarlo verso la via della Gamification (thanks Jesse) da cui trae origine ed ispirazione l'ominimo libro.

Numerose le sue presenze in veste di speaker e chairman ad importanti manifestazioni (Mobile Games Forum di Londra, Mobile Games Summit di Malta, IVDC, Game Convention di Lipsia).

Nell'ultimo anno ha iniziato una cooperazione col Master in Digital Entertainment presso l'Università IULM di Milano ed il Master in Videogames dell'Università Luiss di Roma.

Ringraziamenti

Ho sempre sognato questo momento. A dirla tutta doveva essere un romanzo, ma non sempre c'è data in sorte l'abilità che agogniamo. Non so perché ma immaginavo una di quelle frasi ad effetto strappa lacrime tipiche dei libri di Nicholas Sparks.

Il fato, o più probabilmente la mia scarsa vena da novelliere, ha voluto che questa non sia una storia d'amore. Non vi è alcuna Karen o Giulia nella mia vita, per cui mi limiterò a ringraziare chi ha attivamente contribuito alla pubblicazione.

Questo libro è il frutto di anni d'incontri, formali e informali, con migliaia di persone, tutte loro hanno costituito un tassello imprescindibile alla stesura di questo volume. Impossibilitato a nominarli tutti, invio loro un grazie di cuore per aver condiviso idee e riflessioni.

Entrando nello specifico desidero ringraziare l'amico Saverio Pontonio per la pazienza con la quale ha effettuato una prima revisione del testo, e di errore ve ne eran tanti!

Senza *Gianfelice Boncristiano* il sito ufficiale www.gameifications.com non avrebbe preso vita, un grazie a lui compagno fidato di tante avventure in Mobile Idea.

Infine un plauso a *Salvatore Savino*, designer della splendida cover .

1

SIAMO TUTTI GIOCATORI

Definizione di Gioco

Nel corso dei secoli si sono succedute svariate civiltà profondamente diverse l'una dall'altra per struttura sociale, politica, economica, aspetti religiosi e mortuali. Eppure le ricerche archeologiche prima, e storiche poi, testimoniano materialmente come dal 3000 a.c. tutte le popolazioni, indipendentemente dal loro grado di sviluppo e posizione geografica, abbiano dedicato buona parte del loro tempo libero al gioco. E' indubbio che nel DNA umano vi sia una forte componente ludica visibile soprattutto nei primi anni di vita quando i fattori esterni ancora non arrivano a condizionare il nostro modo di stare in società.
Non voglio addentrarmi nelle definizioni con cui il gioco è stato reso comprensibile nel corso dei secoli da filosofi, sociologi, ludologi e studiosi dei comportamenti umani. Mi limito a estrapolare una parte di definizione presente sulla versione inglese di Wikipedia alla voce "Game":

*"Le componenti chiavi dei giochi sono gli **obiettivi**, le **regole**, la **sfida** e l'**interazione**. I giochi generalmente comportano una stimolazione fisica o mentale, spesso entrambe".*

Molti autori, tra i quali il tedesco Huizinga nel suo celeberrimo "Homo Ludens" parlano di gioco come un momento totalmente slegato dal resto dalla giornata, "allontanarsi – è sempre Huizinga che parla – dalla vita "ordinaria" o "vera" per entrare in una sfera temporanea di attività con finalità tutta propria" e continua "già il bambino sa perfettamente di "fare solo per finta", di "fare solo per scherzo". Questo testo scritto rievoca l'immagine di giocatore solitario chiuso nella propria stanza ed isolato totalmente dall'ambiente circostante. L'interazione è tra un ragazzo, presumibilmente universitario o subito post universitario, e la macchina in un atto prevalentemente di sfida, tralasciando altre componenti come la cooperazione/socializzazione con altri giocatori. Volendo estremizzare, questo è in qualche modo lo stereotipo del nerd tradizionalmente associato al mondo dei videogiochi PC.

In questo libro seguiremo come filo conduttore l'idea platonica di "vivere giocando", il gioco come momento connaturato all'uomo nel corso della sua quotidianità. In contrapposizione con l'azione single player sopra mostrata, qui l'obiettivo è analizzare l'aspetto sociale implicito in molti giochi. Un'analisi che contempli l'interazione con persone, conosciute direttamente nel gioco o con persone alle quali siamo legati da altri vincoli come amicizia, parentela o amore, il gioco aiuta a creare e/o rinforzare i rapporti grazie a dinamiche sia competitive, si parla di multiplayer, sia cooperative come in una partita di calcio due contro due.

Il primo casual game è femminile

Giocare a carte è uno dei passatempi preferiti da milioni d'italiani. E' un'esperienza socializzante, una partita a scopa o briscola diventa spesso il pretesto per riunirsi e conversare aggiungendovi un elemento competitivo tipico della natura umana. Se i giochi sopra citati conferiscono un aspetto *multiplayer* al lato ludico, non bisogna dimenticare le esperienze *single player* offerte dal Solitario nelle sue numerose varianti. Tra i passatempi estivi **più** popolari, un posto di rilievo spetta alle carte sempre presenti nella borsa del mare e pronte per sessioni di gioco in compagnia sotto l'ombrellone o comodamente seduti al tavolino dello stabilimento balneare. Le carte sono spesso il pretesto per passare il tempo interagendo con persone a noi familiari all'insegna della sfida e cooperazione in giochi come briscola o scopa. Durante le riunioni familiari nelle festività, le carte diventano un perfetto strumento di amalgama in grado di tenere incollati ad un tavolo nipoti, figli e nonni, tre generazioni che vedono nel gioco un formidabile collante.

Sin dal 1800 si diffuse in Inghilterra Patience un gioco che, come testimonia lo stesso nome, richiedeva una grande dose di pazienza per portarlo a compimento. La cover dell'edizione del 1914 "Lady Cadogan's Illustrated Games of Solitaire or Patience" raffigura una donna borghese ben vestita e curata nell'atto di una partita serale. Ben cento anni fa, questa specifica attività veniva già associata ad un'audience femminile così come oggi accade al genere "casual gaming".

Nei decenni successivi il gioco ottenne sempre più riscontro, tanto da diventare un vero e proprio business per i produttori di carte. Dagli iniziali set ingombranti, a tal punto che per allestire una partita, bisognava utilizzare dei tavoli ad hoc per contenere tutte le carte, si passò a miniature in grado di rendere più semplice e portabile l'esperienza di gioco. Come ogni prodotto di successo, anche le carte divennero oggetto di narrazione e leggende come quella che vede un Napoleone stanco e solo durante il suo esilio nell'isola di Sant'Elena passasse il tempo giocando al Solitario.

Il trapasso dal Solitario cartaceo ad una versione digitale ha segnato un primo passo verso un'inversione di tendenza che negli anni a venire diventerà regola. Alla fine degli anni '60, il giovanissimo Paul Alfinne inventò una variante (ne esistono centinaia) del Solitario nota come "FreeCell". Non contento nel 1979 programmò di proprio pugno una versione digitale in grado di girare sulla piattaforma PLUTO, utilizzata nell'Università dell'Illinois dove era laureando in Medicina. Ben presto FreeCell divenne un successo nel campus tanto da spingere diversi giocatori a sessioni di anche 5000 partite!

L'idea di Paul Alfinne fu geniale, portare un elemento tipico della quotidianità come un mazzo di carte all'interno di un hardware allora ancora poco conosciuto e dall'aria minacciosa per via delle sue dimensioni molto differenti dai computer domestici attuali. Lo stesso criterio ispirerà la diffusione mondiale della versione digitale del Solitario per opera di Microsoft che, per inciso, non verserà nessun

emolumento all'Università dell'Illinois cui Paul aveva regalato i diritti del gioco.
Non è un caso se il primo gioco reso disponibile insieme al sistema operativo Windows 3.0 di Microsoft sia stato proprio"**Solitaire**", termine anglosassone ad indicare il Solitario. Ci troviamo nel 1990, il colosso di Redmond è alle prese col difficile compito di rendere familiare l'interfaccia grafica ad un pubblico mass market ed individua nei videogiochi, un utile strumento didattico per avvicinare milioni di utenti a meccanismi come il "drag and drop" ed il mouse.

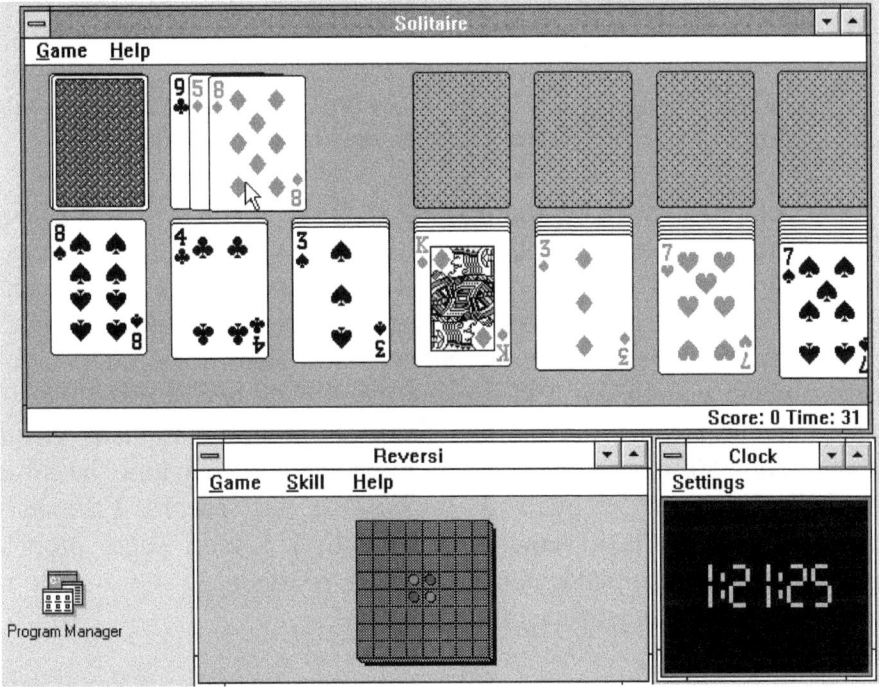

Figura 1 - Solitaire per Windows 3.0.

Come spesso accade ai pionieri, lo sviluppatore Microsoft Wes Cherry non ricavò nulla da questo lavoro se non una pacca sulla spalla dal proprio superiore.
Nato senza particolari aspettative Solitaire, e relativi sequel, è diventato il gioco digitale più popolare al mondo secondo uno studio finlandese. Lo stesso Usability Research Team della Microsoft ha condotto

un'analisi su com'è utilizzato mediamente un Personal Computer. L'attività numero uno è la navigazione web, mentre al secondo posto si colloca il gioco. E nonostante ci troviamo in un' era ricca di giochi 3D ultra sofisticati, la top 3 di utilizzo vede:

1) Spider Solitaire
2) Klondike Solitaire (versione originale)
3) Freecell

Nel tentativo di approfondire questa insolita classifica, un forum ufficiale Microsoft ha posto la seguente domanda agli iscritti.

" *Perché giochi come The Sims e Unreal Tournament, espressioni dell'industria video ludica tradizionale, non sono nella TOP 3?*"

Come sempre è difficile fornire una risposta univoca, intrecciandosi inesorabilmente aspetti economici e comportamentali. Inutile negare l'impatto positivo dell'essere prodotto preinstallato, un divertimento gratuito e facilmente accessibile per tutti contrariamente ai giochi pacchettizzati da acquistare in negozio che richiedono un notevole investimento economico e la capacità tecnica di saperli installare. Un altro tema impattante è la configurazione del proprio computer. Giochi come *The Sims* e *Half Life* richiedono combinazioni hardware particolari, senza le quali è impossibile far partire l'azione o quantomeno goderla a standard accettabili. I Solitari sopra proposti girano ovunque indipendentemente che si possieda un 486 o l'ultimo Pentium con scheda grafica ultra accelerata.

- *Because you can't play them on office computers and quickly Alt-Tab away when the boss comes.*

- *I think a key one is that the solitaire games are _fast_. If you want a quick distraction while writing a letter, or something you can get up from while waiting for the oven to pre-heat, you want something that will load almost instantly and can give you the satisfaction of having completed something in just ten or so minutes.*

Queste due risposte, risalenti al 2005, anticipano numerosi tratti di quella che sarà il paradigma della "Casual Revolution". ☐Innanzitutto i Solitari sono amati perché portano nella routine lavorativa qualche momento di svago e distrazione. Uno dei punti di forza è la natura *"multi-tasking"*, una finestra a metà schermo facilmente sovrapponibile sul database aperto ed al tempo stesso immediatamente nascondibile laddove un collega o il boss si dovesse avvicinare alla postazione. Rapportato nei giorni nostri, un'analoga situazione si riscontra con Facebook e le sue applicazioni, vera e propria follia collettiva con giochi come Farmville. Già agli inizi degli anni 90, i giochi Windows provocarono forti tensioni in ambiente lavorativo tanto che numerose multinazionali, tra le quali Coca Cola, disinstallarono l'area Giochi. Come spesso accade, il gaming fu criminalizzato tanto da imputargli mancata produttività per 800 milioni di dollari. Eppure pochi all'epoca capirono la rivoluzione sociale che queste semplici applicazioni ludiche stavano apportando agli stili di vita dei cittadini mondiali. Sempre più lavoratori accorciarono le pause caffè, sigaretta e pranzo per rimanere incollati al monitor nel tentativo di migliorare il proprio score e confrontarlo con quello dei propri amici.

Il 36% delle donne, ancora oggi, indica Solitaire come gioco favorito a testimonianza di un'attrazione che l'industria del gaming tradizionale non raggiungerà mai più negli anni successivi. A tutti gli effetti può essere considerato il primo casual video-game della storia.

E' indubbio che gran parte del suo ormai trentennale appeal vada attribuito al suo rimanere immutabile nel tempo. Confrontando la prima versione per Windows 3.0 con l'ultima per Vista si nota che nulla è cambiato, un giocatore del 1990 sarebbe in grado di rigiocarci ad occhi chiusi anche oggi senza doversi adattare a nuove caratteristiche e sistemi di controllo. Proprio questa curva di apprendimento ha permesso al Solitario di essere giocato da un pubblico estremamente eterogeneo senza distinzione di sesso ed età. Brad Fregger, creatore della prima versione commerciale - Solitaire Royale - distribuita su PC e Mac, ha candidamente ammesso che la mamma 89nne lo chiama ancora spesso per vantarsi dei suoi nuovi record.

Il Successo Cross Mediale del Milionario

Il gioco è spesso utilizzato come valvola di sfogo dalla routine quotidiana. Attività ricreative scandiscono la nostra vita e contribuiscono attivamente alla formazione culturale di ogni individuo. Citando per l'ennesima volta Johan Huizinga, si può parlare di "Play Theory" indicando nell'uomo, ma anche negli animali, una naturale propensione al gioco, al riso ed al divertimento.

Figura 2 - Chi Vuol Esser Milionario TV.

Chi Vuol Esser Milionario, versione italiana dell'inglese Who Wants To Be a Millionaire, è entrato nell'Olimpo dei programmi TV, divenendo il format più popolare al mondo. In onda sin dal 4 settembre 1998, il fortunato quiz show si basa su una serie consecutiva di domande a risposta multipla cui il concorrente in studio deve rispondere correttamente per aggiudicarsi un montepremi crescente. A rendere così avvincente il programma, in onda in Italia su Canale 5, è la suspance che circonda ciascuna risposta differenziandosi da molti altri quiz dove tutto era focalizzato sulla velocità.

Milioni di persone giornalmente restano incollati al televisore partecipando emotivamente, immedesimandosi nel fortunato concorrente quasi che a vincere l'ambito milione di euro possano essere proprio loro. Nonostante l'ormai decennale carriera italiana, solo due volte il fortino è stato espugnato consentendo ai due concorrenti di diventare milionari.

Se tu fossi Albert King quale sarebbe la tua professione?	
A: Scrittore	B: Giornalista televisivo
C: Pilota di Formula Uno	D: Musicista

Figura 3 - Risposta finale primo vincitore Milionario.

Al nome di quale scienziato è legato quello di Kant nella formulazione di una teoria sul sistema solare?	
A: Laplace	B: Lavoisier
C: Faraday	D: Gauss

Figura 4 - Risposta finale secondo vincitore Milionario.

Chi Vuol Esser Milionario è uno dei migliori esempi di gioco mass market. Non solo in studio, ma anche da casa molti di noi hanno provato a gareggiare cercando di rispondere correttamente alla domanda proposta. Recandomi a casa di parenti e conoscenti ho assistito a vere e proprie riunioni dove tutti, dal nipote al nonno, provavano a indovinare la risposta prima degli altri. Primeggiare all'interno di una cerchia di conoscenti enfatizza la leadership. All'interno di contesti sociali divengono dominanti aspetti come l'orgoglio e la stima, il rispondere correttamente a un quiz va di là dall'aspetto ludico. Immaginiamoci soli a casa nell'atto di rispondere correttamente a una domanda, saremo soddisfatti di noi stessi e sapremo di aver interagito correttamente all'interno degli obiettivi e regole di questo gioco. In questo caso manca all'appello la connessione sentimentale con l'audience reale, le pacche sulle spalle dei nostri amici o lo sguardo compiaciuto dei genitori o ancora la stima crescente da parte dei nostri amici, tutti elementi che vedremo contrassegnare il fenomeno del social gaming.

Non deve sorprenderci il successo del format in oltre 100 nazioni, divenendo un simbolo trasversale di divertimento oltre ogni differenza geografica e culturale. Chi Vuol Esser Milionario è un perfetto esempio di "Visceral Design", in altre parole qualcosa disegnato per appagare immediatamente i nostri istinti e sensi. Un set di regole standard aiuta i designer nel far breccia sul nostro stato viscerale permettendo ad alcuni prodotti di diventare mass market e globalmente appetibili. A livello estetico sicuramente i suoni e l'utilizzo di colori vivaci forniscono un aiuto sostanziale, basti pensare al modo in cui sono concepiti e realizzati i giocattoli per bambini.

L e meccaniche di gioco insite nel Milionario sono talmente universali da renderlo un bestseller anche nei suoi spin-off. Non tutti sanno che il prodotto Endemol è diventato una gallina dalle uova d'oro in ogni piattaforma in cui è stato licenziato:

Gioco in scatola: Hasbro ha acquisito i diritti per la pubblicazione del "board game" ufficiale dal 2000. Venduto a 49.99 euro e disponibile anche in diverse varianti, il gioco riflette totalmente il gameplay televisivo tanto da riportare sulla scatola la dicitura "dal famoso quiz televisivo" con tanto di logo Canale 5 in bella mostra.

Figura 5 - Il gioco in scatola del Milionario.

Gioco per Cellulare: Glu mobile, ebbe la geniale idea di licenziare da Celador nel Novembre 2004 il popolare brand tv così da farne un successo per telefonino dal Maggio 2005 in Europa. Oggi il computo annovera circa dieci edizioni, incluse alcune tematizzate a sfondo musica e celebrità. Inutile dire che il successo è stato mondiale ed istantaneo, quest' unico prodotto ha rappresentato per lunghi tratti il 20% dell'intero fatturato Glu in numerose nazioni. Nei primi otto mesi di vita il titolo aveva già generato oltre un milione di download, ovvero cinque milioni di euro di fatturato. Per rendere meglio l'idea, la 2° edizione del mobile game è rimasta per diciotto mesi consecutivi nella TOP 10 stilata da ELSPA! Come già detto per il Solitario, anche il Milionario è la tipica espressione di un gioco casual con curva di apprendimento immediata in grado di attrarre un target eterogeneo come appunto quello dei possessori di telefonini.

Videogioco: Siffatto successo non è sfuggito all'industria video ludica tradizionale dal 1999. Sia su piattaforma PC che Console il gioco ha ottenuto ottimi risultati di vendita nel corso degli anni, indipendentemente dalla piattaforma e dal Publisher (Disney, Eidos, Ubisoft.) sopravanzando per unità vendute giochi del calibro di Gran Turismo e Callo f Duty. La famosa catena di giocattoli americana Toys "R" Us, nello stilare la lista dei prodotti più venduti nell'ultimo quarto di secolo indica Who Wants to Be a Millionaire come il prodotto dell'anno nel 1999 grazie alle straordinarie vendite del gioco in scatola e della versione PC. Successo che non pare conoscere tramonto, lo ritroviamo dieci anni dopo, nel 2009, tra i titoli Platinum ovvero quelli che han venduto oltre 300.000 copie nella sola Inghilterra. A rischio di essere ripetitivi, bisogna ribadire come alcuni concept siano in grado di andare oltre il tempo rimanendo appealing e giocabili. Non sempre la strada maestra è quella di complicare edizione dopo edizione un prodotto nel tentativo di replicare la realtà (simulazioni calcistiche e racing game) costringendo gli utenti a compiere sforzi mentali e fisici di anno in anno per padroneggiare il sistema di controllo. Dopo 12 anni e decine di versioni, il videogioco del Milionario ha mantenuto inalterata la struttura, chiave del successo economico ed al contempo ragione dei bassi voti ottenuti dalla stampa specializzata. Come chicca è interessante notare come questo fu uno dei primissimi titoli, ci troviamo nel 2001, a introdurre l'audio originale della sua controparte TV, il mitico Jerry Scotti vi poneva le domande conferendo un tocco di realismo ed adrenalina.

Figura 1 - Cover versione originale PC

DVD e Gioco TV: Non pago delle ore di programmazione giornaliera in TV, il brand ha inondato i nostri televisori divenendo una testa d'ariete per la massificazione di due nuove piattaforme di fruizione dei contenuti. Nel 2004 Universal Pictures rilasciò una versione pacchettizzata in grado di girare sui lettori DVD. Sul nostro tv color era possibile interagire col gioco semplicemente utilizzando il telecomando. In modo quasi analogo, i possessori del digitale terrestre Mediaset possono beneficiare del gioco con tanto di concorso a premi.

L'intero capitolo è permeato da una concezione di fondo, ciascuno di noi è un giocatore. I due esempi delle carte e Milionario rappresentano una goccia nel mare tra le attività ludiche messe in atto dall'essere umano dal giorno in cui viene messo al mondo fino all'atto della morte. Questa intrinseca connotazione pone una domanda "Cosa impedisce ai 6.8 miliardi di giocatori al mondo, di compiere il salto a videogiocatori?"

GENERAZIONE DIGITALE

Generazione G

Tutti i nati oltre la linea teorica del 1990 fanno parte della *Generazione G*. La scelta del 1990 come linea divisoria immaginaria non è casuale. Proprio tra la fine degli anni 80 e gli inizi del '90 si assiste ad un rapido e profondo cambiamento reso possibile dalla rete e dai telefonini. Proprio sul finire della decade ottanta la posta elettronica inizia a conoscere la sua diffusione mondiale rendendo possibili le comunicazioni immediate nell'ambiente lavorativo, prima, e domestico poi. Dal 1991 arriva il World Wide Web (www) con la sua esasperata lentezza ed infinita libertà di accedere a contenuti prodotti in tutto il mondo. In Italia solo con il crollo dell'abbonamento mensile si arriverà ad una massificazione della rete verso la fine degli anni 90 in concomitanza con l'arrivo del commercio elettronico, blog ed i primi social network e giochi online di massa. Sempre nel 1990 in Italia viene lanciata la rete Etacas di telecomunicazione a 900 MHz con l'allora SIP (poi Telecom Italia) che divenne leader europeo per numero di abbonati a questo servizio di telefonia mobile.

Sebbene sia fresco di memoria in molti di noi, questo periodo sarà sicuramente descritto dagli storici come la più veloce trasformazione di massa mai occorsa nella storia dell'umanità. Nel giro di un ventennio miliardi di persone hanno condiviso ed utilizzato una tecnologia, cosa mai avvenuta nel corso di precedenti rivoluzioni come quella basata sull'invenzione della stampa ed industriale. Basti pensare al tasso di diffusione della banda larga nell'ultimo quinquennio, in Italia siamo passati da circa il 12% di famiglie con connessione veloce a quasi il 39%, sebbene molto indietro rispetto ad altri paesi europei ed agli USA.

Una generazione che ha nel gaming la principale fonte d'intrattenimento ed attraverso le dinamiche tipiche dei videogiochi ha formato il proprio carattere in età scolare imparando un nuovo set di regole e obiettivi. A differenza di tutte le altre forme di svago, i videogiochi portano un flusso di nozioni bidirezionale. Non più seduti sul divano a guardare la televisione, ascoltare la radio o distrarsi con un giocattolo, i ragazzi di oggi interagiscono intellettualmente e, come vedremo anche fisicamente, con i videogiochi divenendo protagonisti attivi delle storie tanto da influenzarne i finali.

L'evoluzione da consumatore passivo in attivo rientra in un contesto ben più ampio di manipolazione dei media. L'attuale generazione digitale non si limita a cercare notizie su Wikipedia e ad assorbirle, ma vuole essere motore attivo di questa diffusione dal basso della cultura aggiungendovi notizie. E' abituata a modificare il profilo della propria pagina Facebook, a commentare ogni cosa gli interessi in un sito o forum e a maneggiare software per creare dei propri video da lanciare su Youtube in cerca di popolarità. Anche la musica viene pervasa da questa forte creatività grazie a software di mixaggio, ogni canzone diventa la base per un "user generated content" da condividere poi tramite software di file sharing con il resto del mondo. L'esempio più nitido della voglia di innovare è il linguaggio con il quale comunicano via chat e sms, una nuova lingua nata e perfezionatasi negli ultimi dieci anni e paradossalmente incomprensibile per chi vive fuori dalla cerchia. Gli esempi sotto riportati mostrano una necessità di velocizzare il lessico per renderlo compatibile con la velocità della vita.

comunque = cmq
qualcuno = qlc
qualcosa = qls
che = ke
per = x
perché = xké
msg = messaggio

per favore = pls (please)
tu sei = tu6
più o meno = +o-
sonno = zzz
ti voglio bene = tvb
ti voglio tanto bene = tvtb
però= Xò
cellulare= cell
destra=dx
sinistra=sx

Una generazione "multitasking", persone in grado di compiere numerose azioni simultaneamente come stare su Facebook mentre ascoltano musica tramite iPod Touch con cuffie e nel mentre scrivono un sms senza guardare il display. Un'iper attività contagiosa che li porta a diventare evangelizzatori di nuove piattaforme e prodotti anche presso i "digital settlers", gli estranei al mondo digitale. Genitori, e persino nonni, stanno prendendo dimestichezza con messaggini e social network iniziando un percorso che negli anni a venire diventerà dirompente nella nostra quotidianità. Nel lavoro, nell'istruzione, nella religione, dovunque avremo una connessione tra reale e virtuale tendenzialmente h24. Gli scenari futuri meriterebbero una trattazione a parte, ma per l'obiettivo di questo libro basterà cogliere i tratti salienti di questa nuova visione della vita.

Questa generazione, ora in età scolare e universitaria, è totalmente diversa nelle abitudini e nei comportamenti dai loro genitori nati nell'era pre digitale. Questi ragazzi vivono una vita mediata dalle tecnologie digitali in ogni aspetto significativo dalle amicizie agli amori passando per il senso civico. Se il padre leggeva il giornale per formarsi un'opinione, ora il figlio legge i blog ed i tweet. Se il padre si recava in un negozio di dischi per scegliere la cassetta musicale da ascoltare a casa nello stereo in salotto o nell'autoradio, il figlio scarica, il più delle volte illegalmente da siti peer to peer, l'ultimo singolo da ascoltare nel proprio iPod. Le nuove amicizie ed i primi amori si conoscono innanzitutto su Facebook o Msn per poi concretarle nella realtà. Se il padre organizzava la propria vita sociale adoperando il telefono fisso per fissare appuntamenti e cene, ora tutto transita via sms e IM grazie ai potenti smartphone di cui sono dotati. Se il padre aveva dimestichezza con gli animali recandosi spesso in campagna a trovare parenti, il figlio li conosce solo grazie a Nintendogs o Pet Society.

Non bisogna sottovalutare i riflessi nei modi di utilizzo dei videogiochi ed in generale dei contenuti. La Generazione G nasce nel segno del "tutto e subito", non vi sono musica, film e gioco che non possa avere subito ricorrendo al download e allo streaming. Non vi è più il settarismo di organizzare serate cinema a casa di un amico dopo aver nolleggiato la VHS tanto agognata. Anche le serate lan multiplayer all'interno di un internet caffè sono passate di moda. In pochi minuti si scarica il film in sala e lo s'inserisce nel nostro lettore blu ray con porta USB agganciato al televisore plasma da cinquanta pollici. In pochi minuti si tira giù in modalità DLC l'ultimo Battlefield 1946, si indossano le cuffie e si gioca multiplayer contro i nostri amici rimanendo comodamente sul divano. Sono lontani i tempi in cui si andava in gruppo in un negozio di musica per affittare l'ultima cassetta degli 883 per poi duplicarla e condividerla tra amici. Spesso si utilizzava la casa dell'amico "ricco" per ascoltare musica house attraverso il mega impianto stereo appena acquistato ed in grado di far tremare i vetri di casa. Ora la musica si scarica con un click da iTunes senza dover coinvolgere amici con le lungaggini che esso richiede. E' un nuovo mondo!

La disarticolazione dell'industria "Fisica"

Il termine rivoluzione indica un mutamento improvviso e profondo che comporta la rottura di un modello precedente ed il sorgere di un nuovo modello. Nella nostra fattispecie un passaggio dall'era analogica a quella digitale e come ogni rivoluzione ha lasciato numerosi morti sul campo per far posto a nuovi condottieri. Indipendentemente dal settore produttivo la disarticolazione dell'industria fisica ha causato il collasso di realtà grandi e floride non in grado di reggere al mutamento mentale in corso.

Fotografia: Per oltre sessanta anni Polaroid, fondata nel 1937 da Edwin Land, è stata l'azienda simbolo del settore grazie alla continua innovazione tecnologica. Una multinazionale in grado di segnare la vita di milioni di persone nell'atto di scattare foto o compiere riprese. L'idea geniale consistette nel vendere a prezzo relativamente contenuto le foto/videocamere per fare marginalità sui rullini che andavano incontro a continuo esaurimento. Tra l'altro un modello economico analogo fu alla base del successo dei rasoi intercambiabili, dove il rasoio era in sostanza regalato per fare profitti sulla vendita delle lamette. Questa capacità di essere continuamente all'avanguardia permise all'azienda americana di crescere al ritmo del 28% per un trentennio consecutivo generando profitti mostruosi. Ormai convinta che quello fosse il business model unico e imperante nel tempo, Polaroid cadde improvvisamente in disgrazia con l'avvento delle camere digitali. Come tutti sanno, quest'ultime non richiedono rullino e di conseguenza hanno totalmente disarticolato il precedente business model basato per l'appunto nella vendita di costosi rullini. Il risultato fu che l'azienda fondata da Land entrò in bancarotta nel 2001 con le azioni quotate 28cents contro i circa $60 del 1997. L'errore non fu tanto di sottovalutazione della tecnologia, già negli anni 80 fu stanziato un importante budget per fare ricerca e sviluppo sul segmento digitale, quanto nel non saper adattare il proprio modello di business alle nuove sfide e questo bastò per far crollare un gigante mondiale. Certo è facile essere incline ad un mercato, nascere e proliferare all'interno di un canovaccio mentre è doloroso rivoluzionare cinquanta anni di strutturazione aziendale: licenziare forza vendita, riqualificare personale, riscrivere da zero il business plan e scontentare quella parte di utenza ormai affezionata alla pellicola ed al contatto cartaceo con le foto. Tutto ciò costò la morte a Polaroid!

Musica: Sin dal 1870 la discografia entrò in playback nelle case grazie a supporti come il giradischi prima, le cassette ed i cd poi. Una catena piramidale che prevedeva la figura del musicista, dell'etichetta discografica in grado di commercializzare il contenuto e negozi dove il consumatore finale potesse recarsi per acquistare l'album preferito. Per oltre 100 anni questa filiera ha funzionato a meraviglia permettendo la crescita dell'industria musicale e la sua diffusione a fenomeno mass market. Un simbolo americano, e non solo visto le aperture in UK e Giappone, di questo mondo era la catena commerciale Tower Records specializzata appunto nella vendita di musica su supporti fisici. Tra il 1960 ed il 2000 la catena prosperò a tal punto da aprire centinaia di punti vendita affollati da devoti fan della musica, negozi dove al commercio si abbinava una cura maniacale del prodotto assumendo personale molto competente ed ospitando spesso importanti concerti. Il marchio entrò a tal punto nella cultura pop americana da meritarsi una presenza nel videogioco Crazy Taxi della Sega pubblicato nel 1999.

Una "disruption" si profilava all'orizzonte, prendevano piede tra i giovani nuovi servizi per il download legale della musica su tutti iTunes ed Amazon. Nel giro di quindici anni si passò da quasi 10.000 negozi musicali a circa 2000 negli USA. A soccombere per primi furono i negozietti di quartieri ma il contagio arrivava anche alle catene apparentemente inespugnabili. La doppia offensiva della musica digitale e delle catene generaliste in grado di vendere sottocosto gli album, diede un colpo mortale anche a Tower Records che con colpevole ritardo aveva lanciato un servizio di digital delivery. Nel 2004 la catena entrò in bancarotta mandando a casa circa 3000 dipendenti chiudendo simbolicamente un'era musicale.

Cinema: Lo scorso 23 settembre 2010 la popolare catena americana Blockbuster è entrata in fallimento dichiarando debiti per circa $1.5 miliardi Presente in ogni angolo del Globo, il popolare marchio di noleggio film impiegava al suo apice circa 60.000 dipendenti in 6500 punti vendita, di cui centinaia nella sola Italia, dove avviò le operazioni nel 1994. Per oltre venti anni l'azienda nata in Texas aveva proliferato forte di una strategia commerciale apparentemente inattaccabile. Affittava ai propri clienti i dvd chiedendo una somma su base giornaliera e sull'importo tratteneva circa il 60% mentre il restante 40%

finiva delle tasche dalla major di turno. La possibilità di godersi film a casa contribuì allo svuotamento delle sale cinematografiche e la stessa Blockbuster fu ritenuta responsabile di questo mutamento sociale grazie all'offerta di migliaia di film sempre a disposizione ad un prezzo contenuto rispetto alla visione in sala. Come spesso accade nella catena alimentare il predatore è spesso a sua volta preda.

Man mano che la banda larga prese piede negli USA e nel mondo intero, Blockbuster iniziò a soffrire la concorrenza del download illegale e l'avanzata di nuovi servizi di digital delivery come Netflix. Quest'ultimo non è altro che un sito web, dove è possibile noleggiare sia fisicamente a mezzo posta sia in digitale un numero illimitato di film e serie tv previo abbonamento da circa 10 dollari mensili.

Pensare che nel 2004 la giovane Netflix si offrì al gigante per cinquanta milioni di dollari, ma venne reputata poco appetibile. Non è più necessario recarsi in un punto vendita, ma direttamente dal proprio PC o televisore è possibile selezionare un film su richiesta, on demand, pagandolo con carta di credito. Ancora una volta, analogamente a quanto già visto, un quasi monopolista si ritrova impreparato a cogliere le nuove sfide che non sono meramente tecnologiche ma di business model. Una struttura con 60.000 dipendenti diventa pachidermica e priva dell'agilità necessaria per offrire all'utente il giusto prodotto giusto al momento e prezzo giusto. Il finale non è ancora scritto, Blockbuster è in cerca di acquirenti per la misera cifra di 250 milioni di dollari, beffardo sarebbe il destino se Netflix decidesse di prendersi una piccola rivincita!

Enciclopedia: Nell'età moderna il mercato delle enciclopedie è sempre stato un business fiorente tanto da raggiungere miliardi di fatturato negli anni 80 del secolo scorso. Sia si trattasse di opere a carattere universale o monotematico su salute, scienza ed altro ancora, le enciclopedie entravano di sovente nelle case di milioni di cittadini disposti a pagare anche milioni delle vecchie lire per esporre in libreria questi voluminosi tomi. Tra tutte le aziende coinvolte, la più prestigiosa era sicuramente l'americana Britannica nata nel lontano 1768 e sinonimo di autorevolezza e prestigio. Tutto questo trovava sponda nei $650 milioni generati nel 1991. Proprio come già visto nei precedenti esempi, anche Britannica entrò in crisi all'apice del suo successo per una serie di fattori tra i quali spiccano l'avanzata dei Personal Computer. Proprio Microsoft, già artefice della massificazione dei PC grazie all'intuitività del sistema operativo Windows, entrò nel settore della cultura rilasciando la prima enciclopedia totalmente digitale, Microsoft Encarta.

Con soli $50 si acquistava un cd, facilmente trasportabile, utilizzabile su infiniti computer senza dimenticare la presenza di contenuti multimediali come audio, video e ipertesti impensabili nel concorrente cartaceo. Questa smaterializzazione del prodotto, abbinata ad una differenza di prezzo abissale (1500 contro 50 dollari) provocò un crollo delle vendite per Britannica nell'ordine del 50% nel periodo 1990-1997. Purtroppo era impossibile star dietro a Encarta la quale veniva non solo venduta nei negozi ma spesso inserita in bundle con i PC in versione full o demo. Britannica aveva degli elevatissimi costi di gestione tra stampa, distribuzione, rilegatura, comitati scientifici composti di centinaia di persone di cultura accademica (il rivale acquisiva i contenuti da un'altra enciclopedia cartacea) e questo impedì di abbassare il prezzo della versione cartacea, lavorando già con margini ristretti. Oramai l'importante enciclopedia di Chicago era totalmente fuori dalla nuova logica commerciale, fuori da ogni realtà provò a vendere la prima versione digitale a 1000 dollari e la seconda a 150, pur sempre il triplo della concorrenza. Il destino è immaginabile, nel 1996 l'azienda entrò in fallimento e fu rilevata a saldo per l'irrisoria cifra di 100 milioni di dollari, per la gioia di Microsoft che si era vista rifiutare, anni prima, una proposta di acquisizione.

Un tratto comune del passaggio dal fisico al digitale è la perdita di fatturato complessivo. Britannica all'apice arrivò a fatturare 600 milioni di dollari nel 1991, Encarta nel picco circa 100 milioni sul finire degli anni 90. Quest'abissale differenza non è certo dovuta alla riduzione del bacino di utenza che rimase sostanzialmente stabile ed anzi, a dirla tutta, aumentò notevolmente grazie al fenomeno della pirateria che rese Encarta uno dei prodotti più duplicati illegalmente nelle famiglie occidentali. I 500 milioni mancanti sono dovuti alla forte differenza di prezzo di vendita, ma lo stesso è accaduto per Netflix vs Blockbuster. Una diminuzione di fatturato accompagnata da marginalità molto più alte. Per ogni copia venduta, paradossalmente, guadagnava più Microsoft che Britannica per una questione di costi di gestione. Entrando nel concreto, un volume cartaceo costava fino a 300 dollari mentre ogni cd consegnato aveva un costo di 1,5 dollari.

Questa volta la storia non finisce qui, la stessa Encarta nacque nel 1993 nel solco di un business model tradizionale sebbene in ottica digitale. Gli utenti pagavano inizialmente circa cento dollari per accedere al contenuto che rimaneva pur sempre ascrivibile al novero degli oggetti fisici, il CD-Rom. Nel 2001 Microsoft iniziò a subire i colpi della neonata Wikipedia, enciclopedia puramente online che introduce il mondo del web 2.0 all'interno della cultura. Non più una produzione "nobile", frutto dello sforzo intellettuale di centinaia di studiosi pagati per assolvere specifici incarichi, ma una collaborazione universale, una rivoluzione dal basso dove ciascuno è portatore verso la collettività del proprio sapere. Anno dopo anno il colosso di Redmond capì che non vi erano spazi di manovra per tenere in vita l'enciclopedia online, nel 2009 arrivò la chiusura di Encarta.

Che Cosa accadde?

Due ragioni fecero pendere inesorabilmente la bilancia a favore dell'iniziativa di Jimmy Wales. Innanzitutto una quantità di voci senza precedenti nella storia delle enciclopedie, milioni e milioni di voci in trentacinque lingue fecero per la prima volta la comparsa. Su questo terreno nessun competitor poteva tener testa milioni di collaboratori gratuiti contro alcune centinaia pagati. Il secondo e più sostanziale punto di forza era il business model a zero euro. Nessuno poteva competere contro un prodotto fornito gratuitamente all'utenza. Il risultato fu la chiusura di decine di player attivi nel settore e l'emergere unico di Wikipedia, attualmente uno dei dieci siti più visitati al mondo.

I cambiamenti profondi hanno colpito ogni aspetto del nostro tempo libero dalla fotografia ai video passando per musica e libri, gli esempi riportati sono una goccia nel mare rispetto alla morte e nascita di migliaia di società nel contesto delle "disruptive technologies".

Chi è in grado di citare altri esempi di trasformazione repentina dall'analogico al digitale in qualsiasi ambito della vita? Inviateli attraverso la fan page Facebook ufficiale, gli esempi più calzanti troveranno pubblicazione sul sito ufficiale – www.gameifications.com

La morte dei giochi PC nei negozi

Eppure seguendo il filo logico di questo capitolo, sembrerebbe che il trend in atto non abbia minimamente scalfito la granitica industria dei videogiochi che ha continuato a crescere, spesso a doppia cifra annuale. I dati generali suggeriscono e confermano questa chiave di lettura.

Sin dal 1983 con il lancio giapponese del Famicom (arriverà in Italia col nome di Nintendo 8 bit nel 1987) il mondo delle consolle ha visto in gioco i soliti attori, andando dal basso verso l'alto: consumatore finale, negozio dove fisicamente ci si reca per comprare il prodotto, distributore nazionale che s'incarica di smistare i prodotti nei punti vendita, sviluppatore, Publisher e proprietario della piattaforma, in questo caso Nintendo. A distanza di quasi trenta anni a cambiare è stato solo il nome delle consolle, Wii al posto di Nes, ma la sostanza è identica. Gli osservatori più attenti avranno notato l'assoluta mancanza di riferimenti al mondo dei PC Games, veri antesignani del divertimento domestico in ambito video ludico.

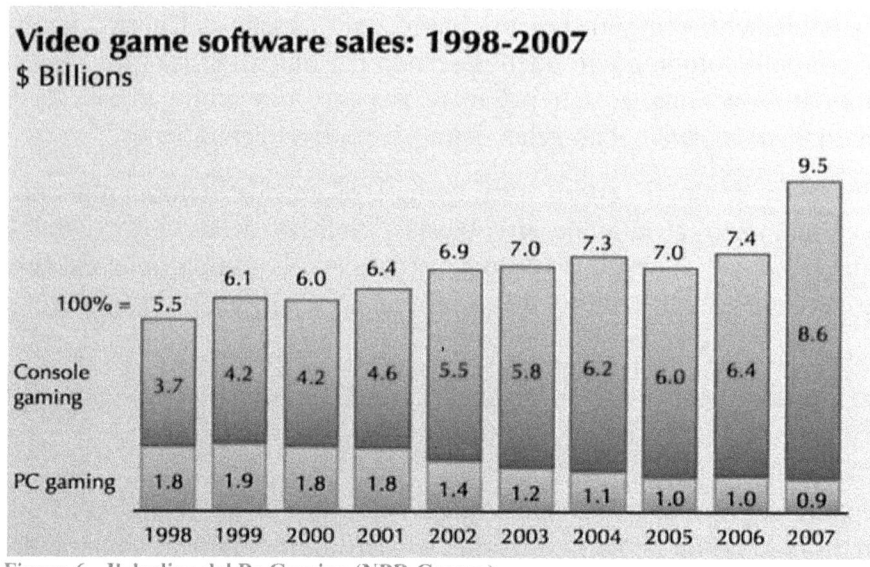

Figura 6 - Il declino del Pc Gaming (NPD Group.)

Osservando la parte bassa del grafico, contrassegnata dal colore arancione, si evince chiaramente come nel giro di dieci anni il mercato dei giochi PC "pacchettizzati" abbia dimezzato la sua importanza. Si è passati da $1,8 miliardi nel 1998 ai 0,9 del 2007 ed inoltre la loro incidenza all'interno dell'industria dei videogiochi è passata da circa il 30% a meno del 10%. Se i numeri difficilmente mentono, basta fare un raffronto mnemonico basandosi sulla propria esperienza. Chiunque fosse entrato in un punto vendita Media World (ma vale per qualsiasi altra catena italiana e straniera) dieci anni fa, avrebbe trovato un vasto assortimento di titoli PC con uno spazio espositivo di poco inferiore alla controparte console. Entrando oggi è facile notare come lo spazio ad essi riservato sia ridotto e, quasi sempre, confinato in punti marginali a scarsa pedonabilità. In altre catene i giochi Windows/Mac sono entrati completamente fuori catalogo, rendendone impossibile l'acquisto nel canale retail.

La progressiva marginalizzazione, andata a favore dei cugini consolle, è al tempo stesso l'effetto e la causa della decadenza di questo segmento di mercato. Le ragioni profonde di questa crisi sono molteplici e potremmo dividerle in due macro aree: congiunturali e disarticolazione del modello fisico.

L'impetuosa espansione del mercato consolle ha spinto numerosi Publisher a focalizzare i propri sforzi e budget nella pubblicazione di titoli per Sony Playstation, Microsoft Xbox e Nintendo Wii causando una riduzione degli investimenti nel mercato PC. Nel giro di pochi anni il mercato compì una brusca virata a 180°. La prassi iniziale vedeva i titoli caldi arrivare prima su piattaforma PC e solo in un secondo momento il "porting", termine del settore ad indicare proprio il trasporto del gioco da PC a console, perché quest'ultime non potevano garantire la stessa user experience e reparto audio/grafico. L'avvento dell'era delle console 3D 32bit (Sony Playstation e Sega Saturn su tutte) contribuì ad invertire lo status quo, ora i grandi capolavori trovavano prima pubblicazione consolle e solo dopo alcuni mesi trovavano trasposizione PC.

I puristi non si fecero subito attrarre dalle lusinghe della rivoluzione 16 o 32 bit continuando a ritenere le console, stupende macchine per casual gamers ma non adatte alle loro esigenze. Purtroppo il supporto dei grandi Publisher venne via via scemando ed anche le trasposizioni tardive iniziarono a non arrivare mai su PC tanto da obbligare i videogiocatori ad una migrazione forzata. Le prime defezioni pesanti, mosse da una visione strategica di lungo periodo, arrivarono da Electronic Arts che anni or sono decise di non pubblicare più per Personal Computer alcuni dei suoi franchise sportivi più importanti come Fifa e Tiger Woods Golf. La motivazione non risiedeva tanto nel mancato break even della versione annuale, che anzi continuava a generare volumi più che discreti, ma una sfiducia sostanziale sul mercato dei giochi fisici ormai pronto a cedere il passo a esperienze "connected" dall'online al social gaming passando per l'espansione via Xbox Live. L'azienda americana fu di parola, i suoi due titoli sportivi ora sono giocabili online con un modello di business free to play in grado di rimpiazzare completamente il precedente "pay the package", ovvero pagare anticipatamente la copia fisica.

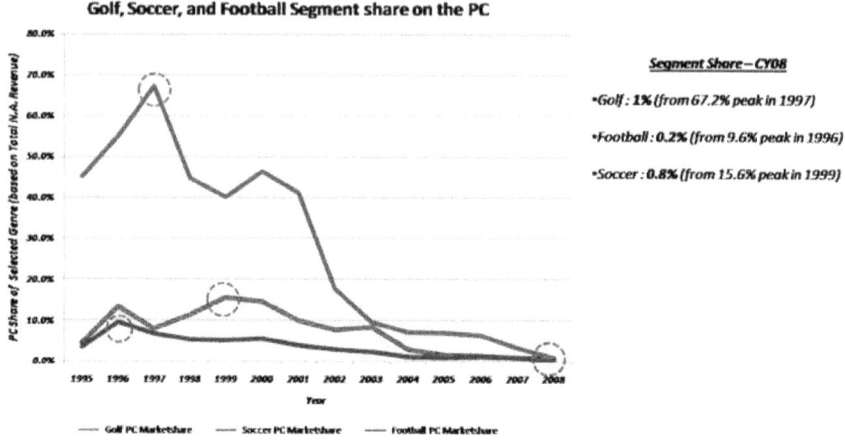

Figura 7 - Il declino dei titoli sportivi (NPD Group.)

La figura 7 dimostra, senza entrare nei tecnicismi, come il mercato dei giochi sportivi per Personal Computer abbia conosciuto un rapido declino dopo gli apici raggiunti nella seconda metà degli anni 90. Questi numeri e la mancata conversione di bestseller come *Red Dead Redemption* ha tolto ossigeno vitale alla piattaforma, creando i presupposti per l'avvento di nuove piattaforme e attori.

Ma questa storia ha dei risvolti da romanzo giallo di Agatha Christie. L'assassino è spesso un insospettabile. Nel nostro caso fu la stessa Microsoft a infierire colpi mortali dopo averne sostenuto per anni la crescita grazie ai suoi sistemi operativi, Direct X e titoli di spessore. Il colosso di Redmon acquisì due società estremamente attive nel PC Games come Bungie e Lionhead spostandole verso il business consolle e parallelamente chiuse Ensembled (*Age of Empires*) e ACES (*Flight Simulator* e *Train Simulator*).

Ad una ragione puramente interna alle dinamiche dell'industria, se ne aggiunge un'altra legata alla distribuzione. Ben presto le grandi catene generaliste e dell'elettronica di consumo si accorsero di quanto difficile fosse la gestione di un inventario di giochi PC a fronte dei cugini consolle. In termini puramente commerciali è molto più semplice vendere un gioco console di uno PC, perché quest'ultimo richiede maggiori spiegazioni ed assistenza che sempre meno volentieri il punto vendita è in grado di offrire per mancanza di personale o sua incompetenza. Il tasso di ritorno in negozio di utenti che non riescono a installare il gioco, add on, patch o che lamentano bug è sempre stato significativo, ed ogni ora spesa dal commesso ad interagire con un cliente scontento si traduce in decine di euro di mancata produttività. Paradossalmente il passaggio da una distribuzione incentrata sul piccolo negozio gestito da appassionati alle catene commerciali ha premiato la semplicità di un gioco console e punito la complessità del mercato PC segnandone il futuro.

Alle motivazioni congiunturali, si aggiunse la nuova tendenza a giocare online e/o digital delivery dei titoli. Il successo commerciale dei primi MMORPG (massive multiplayer online role playing games) aprì la strada a nuove modalità di fruizione e pagamento da parte degli utenti. L'esempio per eccellenza è World of Warcraft, gioco fantasy 3D pubblicato nel 2004 da Blizzard ed oggi forte di dodici milioni di abbonati disposti a pagare fino a 15 dollari mensili per accedere ai server di gioco. Un solo gioco in grado di generare ricavi per oltre un miliardo di dollari ogni anno grazie al suo modello di business ibrido, frutto di un mix di acquisto confezione gioco e relative espansioni nel negozio ed abbonamenti acquistati online o tramite carte prepagate sempre nei negozi.

Ancora maggiore è stato l'impatto delle piattaforme di "digital delivery", termine che connota il fenomeno del download dei giochi direttamente da una piattaforma web rendendo 100% digitale un mercato nato come fisico. Come sostenuto in questo capitolo, nessun mercato è mai morto, semplicemente cambiano gli attori, le tecnologie ed i business models. Se nella musica è emerso un quasi monopolista che risponde al nome di iTunes, qui subentra Valve con Steam.

La piattaforma di delivery, community e multiplayer nata nel 2003 è riuscita nel giro di un quinquennio a canalizzare il 70%, per altri l'80%, del mercato dei giochi PC grazie al supporto di numerosi Publisher indie e affermati da THQ a Ubisoft passando per Electronic Arts. Anno dopo anno i giocatori hanno abbandonato il modello tradizionale in favore di questa tecnologia disarticolante in grado di portare il gioco direttamente in casa senza bisogno di intermediari. Inizialmente i punti vendita rimasero indifferenti a questa iniziativa, sicuri che una vera strada alternativa non sarebbe mai potuta nascere. Ed ora, consapevoli che la situazione potrebbe estendersi al lucrativo mondo dei giochi console, sembrano essere scesi in rivolta tanto che in UK alcune delle catene distributive più grandi hanno iniziato a boicottare i giochi che supportano Steam. Non è altro che un Don Chisciotte che lotta contro i mulini a vento, ormai sono già trenta i milioni di account attivi su Steam ed oltre 1200 i giochi a disposizione sulla piattaforma.

Per avere una idea della popolarità della piattaforma, basta dare una occhiata alla TOP 10 2010 pubblicata dalla società di analisi Fade:

1. Call of Duty: Black Ops (Activision) – $98.2 Million USD
2. Call of Duty: Modern Warfare 2 (Activision) – $39.4 Million USD
3. Left 4 Dead 2 (Valve) – $36.0 Million USD
4. Battlefield: Bad Company 2 (Electronic Arts) – $25.4 Million USD
5. Sid Meier's Civilization V (2K Games) – $21.9 Million USD
6. Portal (Valve) – $20.0 Million USD
7. Fallout: New Vegas (Bethesda Softworks) – $17.0 Million USD
8. Metro 2033 (THQ) – $13.4 Million USD
9. Mafia II (2K Games) – $11.9 Million USD
10. Warhammer 40,000: Dawn of War II: Chaos Rising (THQ) – $10.8 Million USD

Quasi un miliardo di dollari generato da una sola piattaforma di digital delivery PC con una moltitudine di titoli, oltre 180, in grado di superare la soglia del milione di dollari di vendite nel solo 2010. Non bisogna, inoltre, lasciarsi ingannare dalla TOP 10 perché moltissimi titoli indie hanno ben figurato, segno di una democratizzazione difficilmente riscontrabile nel retail dove brand e forza marketing del publisher segnano indissolubilmente i destini di una produzione.

DA GIOCATORE A VIDEOGIOCATORE

Il profilo del videogiocatore

Lo scorso Giugno mi trovavo su un volo Francoforte - Lipsia e due bambini, intorno agli otto anni, erano seduti al mio fianco. Decollati, li vedo estrarre due Nintendo DS, differenti solo per colore, ed avviare una partita multiplayer a Mario Kart. I loro zainetti erano pieni di cartucce, si intravedeva un cellulare di nuova generazione, un iPod per ascoltare musica mentre erano del tutto assenti libri e giocattoli.

Un recente studio ISFE/ Game Vision traccia una panoramica del videogiocatore europeo. Il 50% della popolazione dai 16 ai 29 anni ha *video-giocato* negli ultimi sei mesi cui si somma il 20% tra i 30 ed i 49 anni. Una massa enorme d'individui che spendono diverse ore settimanali, lo considera uno strumento per divertirsi (59% del campione), rilassarsi (53%) e passare il tempo (39%). L'Italia resta un passo indietro nel palcoscenico comunitario soprattutto tra l'audience adulta, dove solo il 19% ha video giocato negli ultimi sei mesi con un preoccupante 11% tra le donne. Un ulteriore contributo alla definizione del quadro italiano, l'ha fornito recentemente la catena di videogiochi leader nel mondo "Gamestop".

Un campione rappresentativo di 1100 intervistati ha restituito uno spaccato interessante con l'82% video gioca regolarmente sebbene con cadenze diverse come illustrate nell'immagine 11. In linea generale il *gamer* italiano è di sesso maschile con un'età tra i 15 ed i 29 anni, non laureato e ben inserito nel tessuto sociale. Emerge anche un dato preoccupante, lo 0,7% del campione - rappresentativo di centomila individui - dichiara di passare dieci ore al giorno con un pad o un joystick in mano! Inutile dire che forme simili di devianza han contribuito a creare una folta letteratura *anti-gaming* addossando al medium ogni genere di responsabilità, comprese stragi come quella del liceo americano di Columbine, raccontata da Michael Moore nella pellicola "Bowling for Columbine".

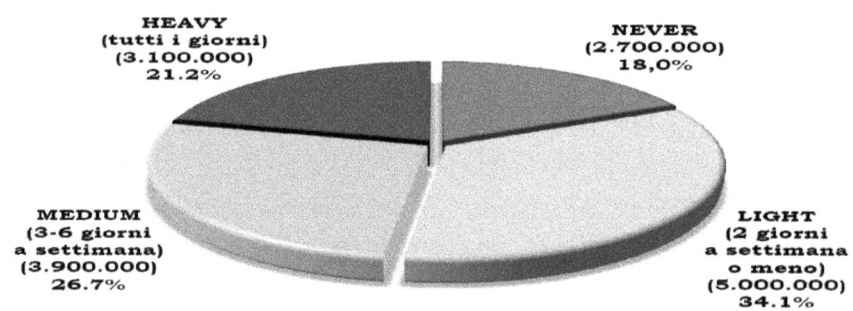

Figura 8 - Frequenza del gaming in Italia.

Se permangono differenze geografiche nel Vecchio Continente, il dato comune è la tendenza alla crescita anno su anno, anche se ben lungi dal tasso di penetrazione americano. Un altro studio** asserisce che il 97% dei ragazzi americani tra 12 e 17 anni gioca qualche tipo di videogioco.

Sappiamo come l'adolescenza sia un periodo ricco di cambiamenti, mutamenti repentini, nuovi stili, prime relazioni e la scoperta di quello che sarà il mondo degli adulti. Il desiderio di esprimersi è alla base del fenomeno "avatar", alter ego virtuali sempre più presenti all'interno di giochi. L'avatar è spesso utilizzato dai giocatori per trasfigurarsi in chiave digitale ridisegnando il proprio aspetto e look sulla base di come si sarebbe voluto essere. Approfondirò il tema nei futuri capitoli!

Inutile nascondersi, i giovanissimi rappresentano un bacino importante di spesa, secondo eMarketer spenderanno 208,7 miliardi di dollari nel 2011 nel settore "svago" contro i 189,7 del 2006. Questo dato testimonia come la crisi globale non abbia impattato sulla capacità di spesa dei ragazzi in età scolare. Una testimonianza esemplare arriva da un sondaggio condotto da WeeWorld.com, un mondo virtuale "teen oriented". Solo l'11% degli intervistati ha dichiarato una diminuzione della propria paghetta, mentre gli altri hanno mantenuto i livelli pre crisi o addirittura se la sono vista aumentare. Se a questa considerazione, aggiungiamo la digitalizzazione dei consumi dovuta al tempo medio speso davanti al PC ed al superamento di vecchie forme d'intrattenimento fisico come l'acquisto di cd/dvd, le start up digitali possono dormire sogni tranquilli.

Sempre ISFE/ Game Vision *Lo studio identifica cinque diversi profili di videogiocatori sulla base del numero di ore dedicate al gioco e di videogiochi acquistati negli ultimi tre mesi: si va dal "videogiocatore appassionato" che gioca un'ora o più al giorno ed ha comprato almeno 3 videogiochi nell'ultimo periodo al "videogiocatore ad intermittenza" che non dedica un tempo regolare al videogioco in settimana, ma ha avuto qualche esperienza negli ultimi 6 mesi. L'Italia appare in linea con l'Europa quanto al numero di "videogiocatori appassionati" (7%), che appartengono soprattutto alla fascia di età tra i 25 e i 29 anni (13% di questo gruppo di età). La particolarità del nostro paese sta più che altro nel fatto di contare una delle percentuali più elevate in Europa di "videogiocatori fedeli" (19%), utenti che spendono il loro tempo a giocare, ma comprano pochi videogiochi. Questo dato può essere il riflesso di un minor budget a disposizione per l'acquisto e dell'impatto della pirateria.*

Le giornate sono fatte di ventiquattro ore, alcune delle quali assegnate ad attività incomprimibili come il mangiare, il dormire ed il lavorare/andare a scuola. Di conseguenza il tempo libero è composto di poche ore che ciascuno decide di dedicare al proprio hobby o passatempo preferito. La galoppata trionfale dei videogiochi nell'ultimo decennio ha portato cambiamenti radicali nella popolazione alterando i rapporti di forza tradizionali nell'industria dell'intrattenimento. Man mano che il trapasso generazionale si fa largo, le abitudini dei consumatori mutano velocemente tagliando fuori quelli che un tempo erano oggetti del desiderio. Per capirne la reale portata basta dare uno sguardo alla lista del "Top Toys of the Year", una lista, stilata da Toys "R" Us, di oggetti più desiderati dai bambini partendo dagli anni 80 per giungere ad oggi. Per l'utilità di questo libro si prende in esame il ventennio che intercorre dal 1985 al 2005 con riferimento alle tendenze in UK, ma facilmente ascrivibile anche al mercato nostrano:

1985 - Transformers: Chi ricorda il popolare cartone animato basato sulle storie di robot in grado di trasformarsi in mezzi di trasporto all'occorrenza? In onda anche in Italia presso emittenti minori, il successo fu così grande da dar vita ad un'intera collezione di giocattoli, diventati oggetti cult in tutto il mondo.

1986 - Figurine Calciatori: In concomitanza con l'anno dei Mondiali, si assistette ad un'esplosione degli album figurine dei calciatori. Fu l'anno in cui Mancini divenne copertina per Panini ed il Napoli vinse il suo primo scudetto trascinato da Diego Maradona. Le bustine, contenenti sei figurine, costavano 150 lire.

1987 – Sylvanian Families: Fenomeno giapponese espansosi su scala mondiale. Dapprima un cartone e poi un'infinità di peluche ed accessori legati alla famiglia dei conigli più dolci del mondo. Maggiori informazioni sul sito ufficiale italiano, ancora in auge, http://www.sylvanianfamilies.it/

1988 – Ghostbusters: I popolari acchiappa fantasmi divennero oggetto di una linea di giocattoli ambitissima prodotta dalla Kenner. Vennero riprodotti tutti i personaggi della serie tv, ma particolarmente gettonata fu la GhostZapper, pistola in grado di proiettare le immagini dei fantasmi ed emettere suoni.

1989 – Batman Mobile: La riproduzione giocattolo dell'auto utilizzata da Batman nei suoi spostamenti ottenne un boom di acquisti nel 1989 in concomitanza con la pellicola su Batman diretta da Tim Burton. Il modellino riproduceva alcuni dei gadget visti nel film, ad esempio lancia missili e scudo.

1990 – Tartarughe Ninja: Michelangelo, Donatello, Leonardo e Raffaello furono riprodotti in peluche da 22 cm ed una molteplicità di forme, inclusi giochi in scatola e costruzioni.

1991 – Game Boy: Anticipando di molto i tempi, il Gameboy prodotto da Nintendo divenne l'oggetto dei desideri inglesi nel 1991. Un successo dirompente, oltre 120 milioni di unità vendute nel mondo e l'inizio di una leadership ventennale nel segmento del gioco portatile. A dirla tutta Nintendo non era nuova al settore, già negli anni 80 immise sul mercato "Game & Watch", famiglia di orologi/console.

Figura 9 - Nintendo GameBoy

1992 – Thunderbirds Tracy Islands: probabilmente l'unico esempio non in linea col mercato italiano, sebbene la serie tv fosse trasmessa sui canali Rai. La linea di giocattoli ispirata alla saga sci-fi fece innamorare gli inglesi nel Natale del 1992.

1993 – Barbie: Sin dal 1959 il suo fascino è rimasto immutato soprattutto presso il pubblico femminile. Si stimano vendite per oltre un miliardo di bambole, sostanzialmente una ogni tre secondi, ma questo fu un anno d'oro grazie al successo del modello "Totally Hair Barbie", la prima ad avere capelli acconciabili. Per gli amanti delle strategie marketing, Mattel fu la prima a fare massiccio uso della pubblicità in TV aprendo le porte ad un filone, "entertainment adv", in auge negli anni e decenni successivi.

1994 – Power Rangers: Basato su un popolare telefilm in cui dei ragazzi si trasformavano in supereroi indossando delle divise. Bandai, proprietaria del marchio, licenziò una serie di giocattoli raffiguranti i personaggi, veicoli, robot ed edifici visti nel telefilm.

1995 – Pogs: Popolare in tutto il mondo a metà decade, Italia compresa, la versione classica del gioco prevede che un giocatore impili diversi gettoni metallici, chiamati per l'appunto Pogs. L'avversario dovrà impilarne un numero uguale. Tutti i Pog devono essere rivolti con la faccia decorata verso il basso. Uno dei due giocatori prende uno Spammer (un Dog più spesso) e lo lancia contro la colonna dell'avversario, con l'obiettivo di capovolgere il numero massimo di gettoni. I Dog capovolti diventano proprietà dell'avversario, proprio questa caratteristica spinse numerose scuole a bandirli perché considerato gioco d'azzardo.

1996 – Toy Story Buzz Lightyear: Protagonista del film Toy Story – un mondo di giocattoli, Buzz Lightyear divenne un successo commerciale anche nella sua incarnazione giocattolo con tanto di elmetto che si apre, laser sul braccio e pulsante per attivare luci e suoni.

1997 - Tamagotchi: Gioco elettronico prodotto dalla Bandai dove bisognava crescere ed accudire un cucciolo virtuale. L'idea fu subito rivoluzionaria, il primo giocattolo elettronico che necessitava sessioni di gioco continuative durante la giornata per non perdere il proprio alter ego virtuale. Ormai non si contano più le versioni rilasciate ed i relativi spin off, compresa una pellicola cinematografica.

1998 –Furby: Sempre la giapponese Bandai, forte del successo del Tamagotchi, lanciò una serie di animaletti robotici e interattivi. Oltre quaranta milioni di esemplari piazzati nel mondo per questi cuccioli in grado di memorizzare parole e muovere parti del corpo; una vera rivoluzione rispetto alla staticità del tamagotchi.

1999 – Chi Vuol Esser Milionario: il popolare quiz televisivo divenne gioco in scatola, già trattato nei precedenti capitoli.

2000 – Teksta: un cane robotizzato in grado di interagire con l'ambiente esterno mediante porta infrarossi.

2001 – Bob Aggiustatutto: questo cartone didattico in onda nella Melevisione su Rai3 divenne l'idolo dei bambini dai 2 ai 6 anni. Tale popolarità venne sfruttata per creare figurine e giocattoli.

2002 – Bratz: le nuove bambole prodotte dalla MGA Entertainment spodestarono dalle classifiche di vendita le Barbie raggiungendo i 125 milioni di esemplari venduti in cinque anni. La linea estremamente fashion contribuì al loro successo.

2003 – Beyblades: In onda su Italia 1 dal 2003, divenne un fenomeno di culto grazie alla commercializzazione di trottole con le quali sfidarsi in gare uno contro uno.
2004 – Robosapien: Un robot altamente configurabile dagli smanettoni, mediante connessione infrarossi, creato da uno scienziato della Nasa.

2005 – Tecnologia: Anno in cui la Generazione G inizia a prendere il sopravvento. Cambia la geografia dei regali con in testa prodotti tecnologici come Xbox, PSP e lettori MP3.
La lista si ferma volutamente al 2005, anno che segna una profonda cesoia nelle abitudini di acquisto e tempo libero. Per tutti gli anni ottanta e novanta la televisione ha rivestito un ruolo egemone nella formazione dei giovanissimi ispirandone i miti, le gesta e di conseguenza gli acquisti. Da Batman ai Power Rangers passando per le

Tartarughe Ninja, i *top seller* nei negozi altro non erano che l'estensione fisica di quanto spopolava in tv sotto forma di film o cartoni animati. Dal 2005, invece, i prodotti elettronici, ed in particolar modo i videogame, diventeranno elemento imprescindibile dei regali natalizi. Nelle case di tutto il mondo non troveranno più posto i giocattoli, ma solo forme complesse d'interazione accelerate dal successo del Nintendo Wii presso un pubblico generalista. Tendenza ormai inveterata che ha trovato riscontro anche nelle Festività 2010 secondo il "Giftmeister 2010 Holiday Gifting Trend Report".

Analizzando i dati di vendita presso il popolare portale giftmeister.com tra Novembre e Dicembre 2010, emerge chiaramente che il mondo dei videogiochi rappresenta la categoria numero uno con il 38% degli acquisti sopravanzando gli smartphone al 16%, foto/videocamere al 12%, lettori mp3 al 10% ed infine e-reader/tablet al 4%.

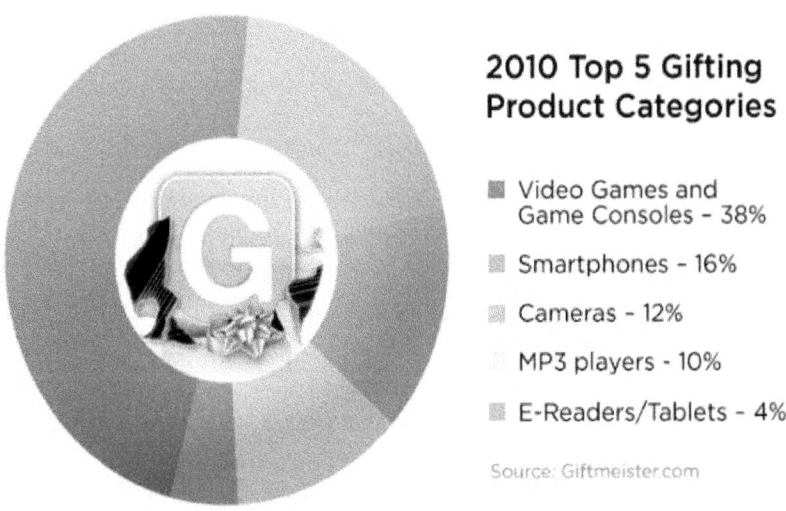

Figura 10 - Top 5 regali Natale 2010.

La maledizione dei 200 milioni

E' innegabile che i giochi abbiano cannibalizzato altre industrie entertainment come l'editoria, il cinema, la musica e soprattutto i giocattoli. Una rivoluzione velocissima che si è consumata in un lasso temporale di molto inferiore ad altri comparti.

	Anni necessari per raggiungere 50 milioni di utenti in USA	Periodo	Penetrazione mondiale ad oggi	Fatturato mondiale ad oggi
Televisione	25 anni	1938-1963	1,134,139 miliardi	268.9 miliardi di euro
Internet banda larga	19 anni	1986-2005	578 milioni	N/A
Telefonia mobile	14 anni	1983-1997	4,600,000 miliardi	N/A
Playstation 2	8 anni	2000-2008	147,6 milioni	77 miliardi di dollari

Figura 11 -Comparazione servizi mass market.

In soli otto anni, dal 2000 al 20008, la Playstation 2 di Sony ha traguardato cinquanta milioni di unità vendute negli Stati Uniti. Altri strumenti di massa come la televisione, internet a banda larga ed i cellulari hanno impiegato dal doppio al triplo del tempo per raggiungere tale soglia. Uno sprint fulmineo che ha reso le console il fenomeno tecnologico del XXI secolo, un business ad alto profitto dove ai player tradizionali come Nintendo e Sega si sono affiancati colossi tecnologici come Sony e Microsoft.

Questa enorme base, forte dello zoccolo duro di *hardcore gamer* ed *early adopter,* ha reso l'industria dei videogiochi una delle più veloci al mondo sia come rapidità di vendita sia come ciclo vitale. In media una generazione di console resta in vita cinque anni, spiegabile con la continua ricerca di novità da parte dell'utenza. L'adozione di un nuovo hardware facilita il consumo di software e ciclicamente assistiamo a degli alti e bassi in concomitanza con la nascita e la "morte" di una console.

L'immagine 14, altresì, come sulla lunga distanza il comparto video ludico non sia ancora riuscito a diventare d'uso comune nella quotidianità. Proprio questo è un passaggio cruciale nella logica del libro.

Prendiamo il telefono cellulare, nell'ultimo ventennio si è passati da un tasso di penetrazione a singola cifra a tassi del 100% o più in paesi come l'Italia. Dapprima come status symbol, poi unico strumento di comunicazione ed ora, grazie ai cellulari evoluti, vero centro entertainment grazie alla possibilità di navigare, scaricare app, effettuare pagamenti ed altro ancora. Di contro i videogiochi, intesi come prodotti caratterizzata da un supporto fisico all'interno di una confezione, nonostante il loro appeal universale, non sono ma i riusciti a diffondersi con questo grado di penetrazione a causa di barriere d'ingresso come il costo elevato, il mancato allargamento della base utenza e gli sforzi marketing unidirezionali volti a catturare uno specifico target.

Il mercato dei videogiochi casalinghi ha una storia ormai più che trentennale durante la quale si sono succedute decine di console e decine di migliaia di software in grado di catturare le attenzioni ed i portafogli di milioni di persone sparse per il mondo.

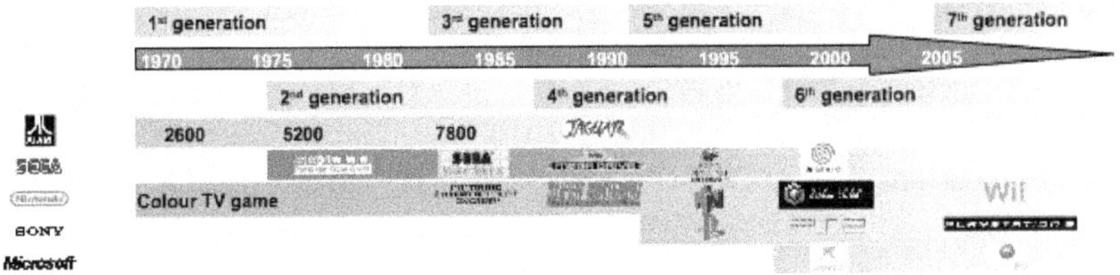

Figura 12 - Generazioni console.

Come schematizzato nell'immagine 12, attualmente siamo ubicati nella 7° generazione composta da Nintendo Wii (19 novembre 2006), Sony Playstation 3 (11 novembre 2006) e Microsoft Xbox 360 (22 novembre 2005).

Tutto nacque nel 1972 quando apparve sul mercato statunitense la Magnavox Odyssey, prima console analogica tuttora molto ambita nel mercato del collezionismo. I risultati furono scarsi, si parla di circa 350.000 copie vendute, tanto è vero che i libri di storia annoverano il 1977 come avvio del mercato console come oggi lo conosciamo. Fu l'anno dell'Atari 2600, prima macchina da gioco moderna in grado di vendere oltre trenta milioni di copie nel mondo grazie alla disponibilità in cartuccia di successi come Space Invaders. Il gioco consentiva da una postazione ancorata in basso allo schermo di sparare agli alieni nella parte alta. Un gameplay semplicissimo che provocò vere e proprie isterie di massa tanto che in Giappone si narra che per un paio di anni era impossibile trovare in circolazione le monete da 100 yen perché tutte fagocitate nei cabinati della sala giochi. Un altro aneddoto parla dello sviluppatore Rick Mauer autore del porting da arcade a 2600. Un successo clamoroso tanto da portare nelle case del colosso Giapponese oltre 100 milioni di dollari, cifra notevole per l'epoca. Ebbene Rick ottenne solo 11.000 dollari, terminato il gioco abbandonò Atari per ovvi dissapori economici.

Torniamo all'evoluzione e con un salto temporale di trentaquattro anni è bene analizzare l'attuale panorama del mercato console per capirne gli sviluppi nei decenni.

	Data di lancio	Unità vendute in milioni	Gioco più venduto in milioni
Nintendo WII	19/11/2006	70.93 al 31 Marzo 2010	Wii Play – 26.2
Microsoft Xbox 360	22/11/2005	40 al 31 Marzo 2010	Halo 3 – 8.1
Sony Playstation 3	11/11/2006	35.7 al 31 Marzo 2010	GTA IV – 6.06
TOTALE		146,93	

Figura 13 - 7° generazione console.

	Data di lancio	Unità vendute in milioni	Gioco più venduto in milioni
Sega Dreamcast	27/11/1998	10,6	Sonic Adventure – 2.5
Sony Playstation 2	04/03/2000	143,8	GTA: San Andreas – 19
Microsoft Xbox	15/11/2001	+24	Halo 2 – 8
Nintendo GameCube	14/09/2001	21,74	Super Smash Bros Melee – 7.09
TOTALE		200,14	

Figura 14 - 6° generazione console.

Ogni copia di un gioco "next gen" ha un prezzo al pubblico tra i cinquanta ed i sessanta euro. Questo dato, congiuntamente ai numeri della Figura 16, fornisce un'idea dei flussi di denaro in transito dall'utenza finale ai produttori. Un business enorme che ha conosciuto una crescita ininterrotta dagli albori ad oggi, se si eccettua la grande crisi del 1983. L'emblema della disfatta fu il videogioco E.T. prodotto da Atari per le sue console dell'epoca. La licenza cinematografica doveva assicurare decine di milioni di copie, ma l'azienda sovrastimò i risultati ed al contempo diede solo sei settimane di tempo al team per sviluppare un titolo così delicato. Il risultato fu una massa abnorme di cartucce invendute che la stessa Atari dovette ritirare dai negozi e seppellirle nel deserto del New Mexico, il passo successivo fu la bancarotta.

Messo alle spalle questo incidente di percorso, l'industria video ludica è arrivata a generare, secondo Ibis Capital, una cifra vicina ai 77 miliardi di dollari nel 2009, ripartiti in cinquantacinque lato software e ventidue hardware. Il paragone solitamente utilizzato per cogliere la grandezza del mercato è quello con l'industria cinematografica che nella sua interezza, smuove circa 88 miliardi di dollari, un sostanziale pareggio nonostante la profonda differenza di penetrazione culturale ed anzianità a favore di Hollywood.

Il mero dato economico rischia di trarre in inganno i consumatori, a dirla tutta ha spesso suggerito strade sbagliate anche agli addetti del settore. Tanti soldi da pochi utenti. Per pochi s'intende la soglia psicologica dei 200 milioni di console vendute, una vera e propria maledizione che in trent'anni non ha mai visto una generazione di console sfondare i 300 milioni di unità allocate per il mondo.

Un veloce flashback, nel primo capitolo si è insistito sulla cifra di sette miliardi d'individui che abitano il Globo, tutti accomunati dall'esser dei giocatori nel corso della vita, vuoi per pratica sportiva, giochi di carte ed altre forme valide in ogni stadio evolutivo.

Il tasso di conversione da giocatori a videogiocatori è del 4%, da sette miliardi a poco più di 200 milioni d'individui.

Pochi individui, profondamente fidelizzati, disposti a spendere centinaia di euro ogni anno tra videogiochi, accessori e nuovi hardware. Gli appassionati di metriche parlerebbero di un ARPU (Average Revenue Per User) vicino ai 131.58 dollari per i cinquantasette milioni di giocatori americani nel 2009 secondo le stime di Screen Digest alla GameOn Finance di Toronto. Una spesa annuale media altissima che sopravanza molto altri settori dell'entertainment dove il costo di prodotto è sensibilmente più basso, dai 7 euro per il cinema ai venti per un libro. Sebbene un appassionato acquisti mediamente più biglietti per la sala che videogiochi, la forte differenza di prezzo porta l'ago della bilancia a favore di questi ultimi. Un doping naturale che ha spinto l'industria a non porsi domande almeno fino al 2008 quando alcuni segnali iniziarono a mutare la cornice generale.

Dopo oltre venticinque anni di continua crescita a livello mondiale, l'industria video ludica ha fatto registrare un calo di fatturato nel 2009. L'istituto di ricerca NDP stima un 8.6% di flessione rispetto al 2008 per il mercato retail americano (escluse nuove forme d'intrattenimento come i giochi social/online e mobile) nella sua totalità, software, hardware ed accessori. Il dato trova riscontro nelle prime stime 2010 rilasciate da NewZoo sempre per il mercato USA. Sebbene ciascun istituto istruisca i report con logiche diverse, il dato comune estrapolabile raffigura il mercato dei giochi pacchettizzati –titoli fisici acquistabili in negozi- abbia subito un doppio KO nel biennio 2009/2010 trainato al ribasso dalle vendite console con un allarmante -29%.

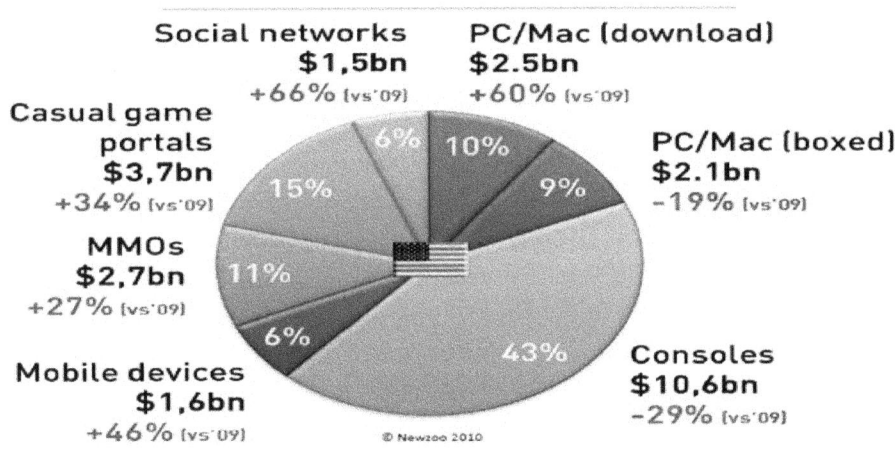

Figura 15- - Proiezione spesa video ludica 2010 in Usa.

Un'analoga situazione si è riscontrata anche in Italia. L'associazione editori software video ludico italiano, AESVI, in collaborazione con l'istituto di ricerca GFK, ha quantificato in oltre un miliardo (1.128,9) il fatturato nostrano dell'industria video ludica nel 2009. Sebbene sia un dato di tutto rispetto, che ci pone al quinto posto in Europa, bisogna costatare una contrazione del 10,6% del fatturato dovuto in egual misura ad un collasso di vendite hardware e software.
Questi numeri non raccontano solo di mancati introiti ma pongono una seria domanda sul futuro dei videogiochi e su quale importante sfida li aspettino nei prossimi anni.

Dalla cameretta al salotto

Una prima risposta è arrivata sul finire del 2006 da Nintendo, azienda che diede i natali ad icone della cultura moderna come Mario Bros e Donkey Kong. Rompendo le regole ormai codificate, l'azienda Giapponese lanciò una nuova console specificatamente disegnata e posizionata per essere appetibile ad un pubblico "diverso". Fino ad allora le ditte produttrici avevano perpetrato strategie volte a far acquistare la nuova console al precedente possessore, da PS1 a PS2 o da Xbox a Xbox 360. Allargare non fu mai una priorità, troppo rischioso introdurre innovazioni mass market all'interno di un tessuto sociale già formatosi. La guerra non era sull'innovazione ma sulle specifiche tecniche, siti e riviste di settore si addentravano in disamine su chi fosse in grado di muovere più pixel, effetti grafici riproducibili, frequenza di aggiornamento su schermo, gigabyte di memoria ed altre amenità tecniche.

Dopo l'insuccesso con GameCube, Nintendo decise di giocare una nuova partita rivoluzionando ogni aspetto della sua nuova console, a partire dal nome. La discrasia tra i tre contendenti si palesò appunto nella scelta del nome, con Microsoft e Sony nel solco della tradizione con nomi come Xbox 360 e Playstation 3.

Nintendo optò per Wii, la cui pronuncia è "Uì". Il termine si riallaccia foneticamente al pronome personale inglese We (noi). L'immagine che si voleva evocare era quella di una console per tutti, facile da utilizzare e pronunciare. A quattro anni di distanza, e superando le ferocissime critiche iniziali, la quinta console prodotta dall'azienda nipponica domina la gara tra le "next gen" rappresentando quasi il 50% del mercato come visto in precedenza.

Figura 16 - Nintendo Wii.

Al di là dei numeri, Nintendo Wii ha dato il via ad un nuovo modo di concepire il divertimento casalingo, cambiando radicalmente il modo di interagire con lo schermo da parte di un'audience per la prima volta eterogenea. Un taglio netto col passato in grado di attuare quel processo di allargamento della customer base finora mai cercato realmente dall'industria. E' possibile individuare almeno quattro grandi novità introdotte dalla casa di Kyoto:

Sistema di controllo: Scartando la confezione, spicca il rivoluzionario controller composto dal Wii Remote e relativo Nunchuck. Innanzitutto la forma rievoca sensazioni familiari, è anatomicamente molto simile al telecomando TV e di pari leggerezza. Siamo lontani anni luce dai tradizionali Pad che sembrano tutti usciti dalla saga di Star Trek. L'ergonomia è finalmente adatta a tutti: destri e mancini possono impugnare il controller ed allo stesso tempo anche persone dotate di mani sottili e piccole possono maneggiare l'attrezzo. Per la prima volta le donne non vengono escluse a priori dalla possibilità di gareggiare ad armi pari con i colleghi maschi.

L'immagine 20 schematizza perfettamente la semplificazione dei sistemi di controllo, col progressivo ritorno a forme d'interazione basate su due tasti. Anche a livello meramente visivo l'impatto è molto meno traumatico, non vi è più timore nell'approcciarsi.

Figura 17 - Evoluzione controller console.

Se la forma rappresenta un primo elemento di discontinuità, l'innovazione si spinge ai massimi livelli nell'ambito della funzionalità. Per la prima volta su una scala commerciale importante, i giocatori potranno utilizzare il proprio corpo per interagire con l'ambiente virtuale. Dalla descrizione su Wikipedia:

Dei led ad infrarossi incorporati nelle estremità della Wii Sensor Bar chiamata anche barra sensore (da porre sopra o sotto la televisione) permettono al controller di percepire il puntamento verso lo schermo, mentre l'accelerometro integrato nello stesso controller gli permettono di percepire l'inclinazione e la rotazione. I giocatori possono inoltre mimare delle azioni e "sentirle" attraverso la vibrazione invece che premere semplicemente pulsanti.

Una rivoluzione copernicana, non è più necessario memorizzare la combinazione di numerosi tasti per giocare a tennis ma basta attingere al nostro repertorio mentale, per esperienza di gioco diretta o visione in TV, per ripetere giocate tipiche della disciplina come il dritto, rovescio o la battuta.

Forte del successo di critica e vendite, Nintendo ha tirato dritto su questa strada rilasciando numerose periferiche che potremmo suddividere in funzionali ed ornamentali. Alla prima categoria appartengono di diritto il Wii MotionPlus e la Balance Board. L'espansione del controller, venduta in bundle con Wii Sports Resort, consente di catturare torsioni e rotazioni grazie a due speciali Giroscopi.

Il primo dicembre 2007 ha fatto la sua comparsa nel mercato nipponico la "Balance Board", una vera e propria bilancia bluetooth dotata di quattro sensori in grado di calcolare il peso, il baricentro del corpo e la pressione esercitata sulla stessa per creare nuove esperienze di gioco. La bilancia è in bundle con Wii Fitness, l'abbinata ha dato vita ad un vero e proprio bestseller che ha contribuito alla massificazione della console presso un pubblico di non videogiocatori.

Figura 18 - Bilancia tra passato e presente.

Per periferiche ornamentali, s'intende tutta quella gamma di accessori che non apportano nulla al gameplay ma hanno unicamente dei risvolti estetici o, al più, benefici marginali per specifici set di giochi. Tra le più vendute troviamo il volante Wii Wheel, in bundle con Mario Kart, ed il set Wii Sports Pack. Non si tratta di periferiche "stand alone" bensì di estensioni del Wii Remote che aiutano il giocatore ad impugnare meglio il controller nell'affrontare una gara di go kart piuttosto che un circuito golfistico.

Nulla di nuovo sul fronte occidentale. Già nel 1982 venne creata e rilasciata da Amiga una bilancia elettronica per la console Atari 2006. Joyboard era rudimentale, sui quattro estremi della periferica erano posti altrettanti tasti a pressione che rilevavano quindi il movimento del corpo nelle quattro direzioni, ma ha sicuramente ispirato la "rivoluzionaria" Balance Board. Purtroppo l'idea non raccolse successo tanto da avere un unico gioco compatibile, Mogul Maniac ed altri due mai ufficialmente rilasciati. Purtroppo il tempismo del rilascio fu catastrofico, l'idea di Amiga venne risucchiata nella grande crisi dell'industria nel 1983 divenendo una memorabilia.

Il messaggio pubblicitario di Amiga e Nintendo ha molti punti in comune. Entrambi enfatizzano la possibilità di video giocare senza utilizzare le mani "Look Ma, No Hands"! La differenza, riscontrabile nell'immagine 21, riguarda il target di riferimento.

Salotto come luogo centrale di divertimento per tutta la famiglia: potrebbe sembrare una banalità, ma per capirne la portata rivoluzionaria basta inserire il termine inglese "videogamer" su Google Immagini per vedersi restituire lo stereotipo del "bedroom gamer", la cameretta come luogo sacrale di svago. Per decenni l'immaginario collettivo ha ascritto al giocatore elementi come la solitudine e alienazione arrivando a coniare il termine "nerd". Un modo di concepire la vita in ottica asociale compensata, spesso, da elevate capacità cognitive e da una passione verso attività ritenute "sfigate" come leggere i fumetti o video giocare, è alla base di numerosi film e telefilm americani in voga negli anni 90. L'iconografia tradizionale, inoltre, connota un nerd come una persona bruttina per via della sua forma fisica non impeccabile, occhiali spessi e modo di vestire antiquato con mocassini e gilet. Questa tipologia d'individui è restituita spesso da Google in associazione ai videogiochi, persone solitarie nell'atto di impugnare un pad all'interno della propria cameretta. Per molti anni, soprattutto fino alla sesta generazione di console, questo fu l'industria stereotipata dei videogiochi, non che mancassero trame e periferiche in grado di strizzar l'occhio al mass market, ma la tendenza era ben delineata.

Poi è arrivata Nintendo col suo Wii nel 2006 ed oggi provando ad inserire questo termine in Google Immagini appare un panorama totalmente diverso.

Figura 19 – Immagina pubblicitaria Nintendo Wii.

Attraverso un messaggio del tutto nuovo, veicolato con un'integrata strategia di comunicazione e marketing, Nintendo Wii enfatizza la differenza rispetto al passato. La figura 19 raffigura quattro persone nell'atto di muoversi in una stanza piena di luce, potremmo chiamarli *"livingroom gamer"*, giocatori da salotto. La console non è più un oggetto da tenere nascosto nei meandri della propria cameretta, ma un vero e proprio elemento di design (non a caso è la console casalinga più piccola mai prodotta) in grado di invogliare all'interazione l'intera famiglia! Basterà confrontare quest'ultima immagine con la prima ad inizio libro per cogliere un distacco totale. Da una parte un giocatore solitario nel chiuso della propria camera, magari con la porta chiusa a chiave per focalizzarsi totalmente nel superamento di un livello o sull'uccisione di un nemico. Un viso teso, forse frustrato ed al contempo un corpo immobile anche per ore. I quattro soggetti invece sembrano avere un leggero sorriso sulle labbra ed i corpi sono protesi nello sforzo di una partita, probabilmente a tennis.

Non solo uomini: Sin dal lancio l'obiettivo dichiarato della dirigenza giapponese era quello di raggiungere persone over 25, in discontinuità col target tradizionale dei rivali Son
Non solo navi da crociera, ma anche circoli ricreativi per anziani hanno adottato Wii. Nintendo ha devoluto un gran numero di console a strutture over 60 creando per la prima volta il connubio anziani/videogiochi. La stampa ha enfatizzato il messaggio dando vita ad una delle migliori iniziative marketing/comunicazione che l'industria ricordi. Presso Huntington Beach Rodger's Senior Center (USA) vi è l'appuntamento fisso del Venerdì sera, sfida a bowling con Wii Sports. Sono nate due vere squadre, divise dal colore della maglietta, che si danno battaglia a colpi virtuali!

Questi esempi rappresentativi ed in generale le vendite record fatte registrare negli ultimi quattro anni, hanno consentito a Nintendo di ritornare, dopo una lunga assenza, al vertice del mercato video ludico ed, addirittura, di diventare la terza azienda giapponese per capitalizzazione! Le due antagoniste, Microsoft e Sony, hanno colto questa sfida e nel Settembre 2010 hanno rilasciato due periferiche denominate rispettivamente Kinect e Move.

VIDEOGIOCHI PER TUTTI

Massificazione Muscolare

Nel capitolo precedente si è parlato della massificazione dell'esperienza ludica a mezzo hardware. Nintendo ha intrapreso l'originale strada di una nuova console per il mercato casual, mentre i rivali Sony e Microsoft hanno optato nel 2010 per il lancio di una periferica in grado di allungare il ciclo vitale ed estendere la base utenza, rispettivamente Move e Kinect.

L'hardware rappresenta sicuramente un efficace strumento per allargare la base utenza potenziale, ma tutti sanno che il software rappresenta la benzina senza la quale nessun apparecchio è in grado di vivere. In questo capitolo il focus sarà proprio sui videogiochi "tradizionali" e su come essi abbiano già tentato, spesso fallendo, di entrare nella vita quotidiana di milioni di individui attraverso concept innovativi o con strategie di distribuzione alternative.

Nell'ultimo decennio si è assistito ad un costante innalzamento dei costi di sviluppo. L'evoluzione delle console, l'adozione massiccia di engine 3D, la sempre maggiore importanza data al comparto audio ha obbligato i Publisher a investire maggiori risorse per il lancio di una nuova produzione. Se alcuni anni fa una cifra intorno ai 5 milioni di dollari era sufficiente per un progetto competitivo su Xbox, oggi ne occorrono dieci volte tanto per un buon progetto Xbox 360 o PS3. Ed il futuro, almeno finché si terrà la barra in questa direzione, non è roseo da un punto di vista dei costi, considerando la progressiva adozione del 3D anche nei videogiochi come già sta avvenendo da un paio di anni nell'industria cinematografica. Non è casuale se a distanza di sei anni dal debutto delle console next gen, ancora non si parla di Xbox720, Wii2 o PS4, è il segno che l'attuale modello sta segnando una fase di riorganizzazione.

E' facile immaginare come certe cifre, anche sul lungo periodo di sviluppo, tendano a scoraggiare la sperimentazione. Il risultato finale di questo mix è stato la scomparsa dell'innovazione nel mondo console ed al contempo la spremitura all'inverosimile di quei titoli che hanno saputo attrarre il pubblico. Da qui la nascita dei franchise video-ludici, vere e proprie saghe che con cadenza periodica, solitamente annuale, fanno capolino nei negozi per ottimizzare costi e ricavi. Uno dei primissimi esempi di sfruttamento di un brand è stato *Mario Bros* ad opera di Nintendo.

Il videogioco più venduto al mondo compie ventotto anni. Era il 1983 quando il primo capitolo di Mario Bros vide la luce nelle sala giochi giapponesi raccogliendo uno straordinario successo basato sulla simpatia dei personaggi e sulla semplicità della trama ruotante intorno all'idraulico italo-americano Mario, coadiuvato dal fratello Luigi, impegnato nella liberazione della principessa Peach presa in ostaggio del malefico Bowser.
Ad oggi si contano oltre settanta giochi a nome Mario Bros inclusi sequel ufficiali e numerosissimi spin-off. Mario è apparso in giochi sportivi (*Mario Golf* e *Mario Tennis*), corse (*Mario Kart*), giochi di ruolo (*Super Mario RPG*), educativi (*Mario's Early Years*) e la lista potrebbe essere ancora lunga.
Specialmente nella prima decade della sua vita, Mario divenne una vera e propria icona culturale facendo capolino in serie telelevisive, fumetti, manga ed oggettistica di varia natura, non senza numerosi fallimenti clamorosi. Per quanto di successo, Mario non è mai riuscito a travalicare con successo il medium di appartenenza.

Lanciare prodotti originali, specie se non accompagnati da una licenza sportiva o hollywoodiana, è estremamente rischioso. Il grafico seguente mostra l'andamento dei costi e ricavi di alcuni videogiochi.

Un esempio significativo di prodotto che non ha raggiunto il break even è *Shenmue*, pubblicato da Sega nel 1999 dapprima su Dreamcast e poi su altre piattaforme. A detta del suo creatore è stato il primo gioco "Full Reactive Eyes Entertainment" (FREE), in altre parole con piena libertà di azione. Come ogni innovazione, ebbe alterne recensioni sulle riviste di settore alternando stentate sufficienze a votazioni 10 su 10. Il progetto costò, sommando tutti gli aspetti di sviluppo, masterizzazione e marketing, circa 70 milioni di dollari dell'epoca e cinque anni di gestazione. Purtroppo per Sega, che già non navigava in buone acque, il risultato fu disastroso. Si contano meno di due milioni di unità vendute nel mondo, un insuccesso clamoroso!

Psychonauts rappresenta un'altra case history significativa. Nato dalla mente di Tim Schafer, lo stesso delle avventure grafiche LucasArts, questo platform game con elementi di avventura e di ruolo ottenne un'accoglienza entusiastica dalla critica tanto da ottenere il premio come "Best Original Game" alla fiera americana E3 nel 2005. Nonostante la grande originalità e qualità, il rilascio multipiattaforma su PC, Xbox e PS2 fruttò solo 90.000 copie vendute, decretandone la morte prematura. Talmente clamoroso che il publisher Majesco finì in guai finanziari: il CEO fu estromesso, il valore delle azioni crollò e gli azionisti intentarono una class action.

Non sono certo casi isolati, numerosi altri original ip (titoli non brandizzati al loro esordio) hanno mancato il pareggio di bilancio, nel grafico spiccano *Red Steel*, *Crackdown* e *Stranglehold* tutti accomunati dal non aver centrato quantomeno il pareggio tra costi e ricavi. Non sempre lavorare su brand interni si rivela controproducente, il grafico mostra lo straordinario successo di *Assassin's Creed* rilasciato da Ubisoft nel Novembre 2007 su PS3 e Xbox360. Titolo nato negli studios interno, in gradodi coniugare azione e ricostruzioni storiche. Il titolo ha venduto oltre otto milioni di copie ripagando abbondantemente i circa 20 milioni di dollari necessari per i quattro anni di sviluppo. Un successo inatteso dallo stesso Publisher francese che nelle stime iniziali prevedeva tre milioni di copie nell'anno fiscale 2007, ed invece ne arrivarono oltre cinque.
Il successo di un original ip vale doppio, in questo caso il Publisher percepisce interamente gli introiti generati senza doverli dividere con

terze parti, è il caso di F*IFA Soccer* di Electronic Arts o *Avatar* di Ubisoft.

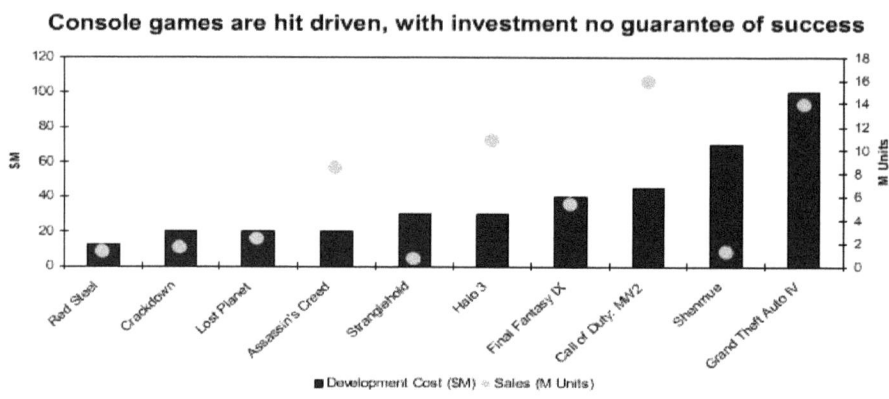

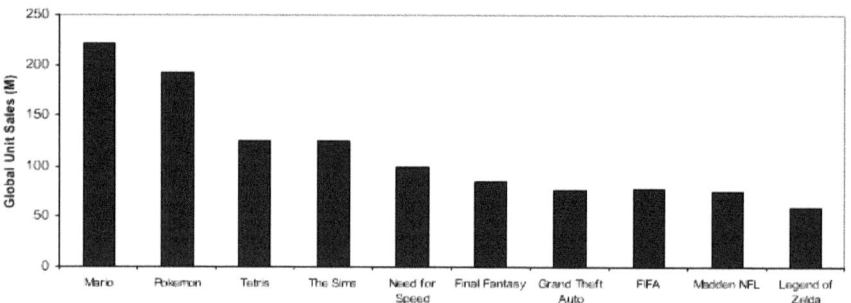

Figura 20 – Statistiche sui videogiochi (fonte Ibis Capital Research.)

Il grafico in basso mostra, invece, la TOP 10 dei videogiochi più venduti. Si spazia dai 220 milioni di copie per Mario Bros alle circa 50 di *Legend of Zelda* passando per *Pokemon, Tetris, The Sims, Need for Speed, Final Fantasy, Grand Theft Auto, Fifa* e John *Madden Football*. Come molti sanno, si tratta di brand che hanno beneficiato di numerose, se non decine, di sequel sotto forma di capitoli numerati progressivamente o apparizioni del protagonista in altri generi video ludici.

Nel corso degli anni i publishers principali hanno imparato tecniche di lancio e marketing tipici di Hollywood dando vita a dei veri e propri colossal in grado di generare vendite altissime nei primi mesi post lancio. Regina indiscussa di questa massificazione delle vendite, sebbene all'interno di un bacino circoscritto qual è quello dei possessori console, è Activision Blizzard.
Non molti sanno che il miglior lancio di tutti i tempi nel comparto "entertainment" non è ad appannaggio del cinema o dei libri, bensì dei videogiochi. Questo è avvenuto per l'ennesima volta nel 2010 col rilascio di *Call of Duty: Black Ops*, sparatutto 3D in prima persona che fa dell'esperienza multiplayer online il suo punto di forza. Nei primi cinque giorni di vendita in Novembre, ha sommato 650 milioni di dollari infrangendo i record detenuti dal libro fantasy Harry Potter: Half Blood Prince (394 milioni) e dal film Batman The Dark Knight (203.8 milioni). Ad oggi il titolo ha abbondantemente superato il miliardo di dollari di fatturato, anche grazie al contributo di espansioni, mappe e missioni aggiuntive, scaricabili al costo di quindici euro cadauna attraverso i servizi online di Microsoft (Xbox Live Arcade) e Sony (Playstation Network).

Con l'intento di monetizzare al meglio le varie segmentazioni di videogiocatori, i Publisher hanno iniziato a rilasciare diverse versioni del medesimo prodotto. Un caso emblematico è quello di *Call of Duty: Modern Warfare 2* disponibile nei negozi in quattro versioni che vi riportiamo in ordine crescente di prezzo stando alle quotazioni della catena americana Gamestop.

STANDARD ($49): contiene il CD ed il manuale d'istruzione.

HARDENED ($69): Oltre al contenuto standard contiene la speciale confezione Steel Book con illustrazioni di Infinity Ward. Inoltre è presente un codice per scaricare gratuitamente via Xbox Live Arcade o Playstation Network Call of Duty Classics.
VETERAN ($79): Oltre al contenuto Hardened contiene Statua Serie ARTFX di Modern Warfare 2 Veteran: Statua Ultra Premium della Serie ARTFX raffigurante il "Capitano Soap MacTavish" realizzata da Kotobukiya Scala 1:6, Altezza 31 CM La Statua raffigura uno dei protagonisti di Modern Warfare il Veterano Capitano "Soap"

MacTavish della Task Force 141, equipaggiato con la mimetica da neve personalizzata e gli armamenti presenti nella missione di Modern Warfare 2 "Cliffhanger" 3 set di armamenti intercambiabili tra i quali: Doppia Piccozza da arrampicata sul ghiaccio Doppia pistola calibro .45 Fucile da battaglia avanzato M14 (agganciato alla schiena di Soap quando non utilizzato) La base di ghiaccio della statua immagazzina le armi alternative quando non in uso. Supporto da collezione inciso e numerato individualmente Per esporre il visore quando non è utilizzato Ispirato dal visore utilizzato dal capitano "Soap" MacTavish nel gioco.

PRESTIGE ($129): Oltre al contenuto della Hardened contiene visore notturno con portata di 15 metri, fedele riproduzione di quello visto nel gioco. Supporto da collezione inciso e numerato individualmente per esporre il visore quando non è utilizzato.

Questo tipo di esperienze è da ritenersi ambivalente. Intensificare lo sfruttamento di una comunità accanita di appassionati è un'operazione perpetrata da decenni anche in altre industrie. Basti pensare alle edizioni limitate di compact disc o dvd o persino di fumetti per rendersi conto di come il fan rappresenti la carne viva di ogni produzione. Farli sentire speciali creando dei prodotti specifici per loro e non per la massa consente al produttore di innalzare l'ARPU andando a monetizzare il doppio, se non il triplo rispetto al normale. Il passaggio da strategia una tantum a prassi consolidata per il lancio di numerosi prodotti porterà, a mio avviso, nel medio termine ad un progressivo allontanamento dei giocatori meno incalliti. Esser circondati da espositori pieni di giochi vicino ai 100 euro spaventa il giocatore ed a maggior ragione il semplice appassionato che sta valutando il potenziale acquisto di una console. Il prezzo è la barriera prima all'acquisto e tali soglie rappresentano uno svantaggio competitivo abissale nei confronti delle nuove piattaforme di gioco che hanno optato per abbonamenti, download a basso prezzo se non addirittura gratuiti nella modalità free to play che esamineremo nel settimo capitolo.

Videogiochi come *Call of Duty: Black Ops* rappresenta la muscolarità dell'industria tradizionale dei videogiochi. Un prodotto tecnicamente notevole, in grado di regalare decine di ore di divertimento nelle sue modalità single player e potenzialmente migliaia nell'incarnazione multiplayer online, è riuscito a convincere i possessori di console e PC a investire cifre dai 50 euro a salire per ottenere l'agognato sparatutto. Rimane però una *Gamification* indotta, racchiusa all'interno di una nicchia, seppur grande ed estremamente lucrativa. Prendendo ad esempio il prequel *Modern Warfare 2*, è possibile individuare alcuni fattori chiave che ne hanno determinato la chiusura all'interno dell'alveo tradizionale del bacino hardcore.

Trama: Il gioco si basa su missioni militari in cui la CIA americana si muove su instabili scenari mondiali come la Russia, Afghanistan ed i monti del Caucaso. Utilizzando svariate tipologie di armi, fedeli riproduzioni di armamenti reali, bisogna sparare e uccidere numerosi nemici per portare a termine le numerose Campagne in cui è suddiviso il gioco. Scene di tortura e di discriminazione hanno attirato critiche e divieti di vendita. In Russia il gioco è stato proibito per via del livello "No Russian" dove bisogna prender parte ad un attacco terroristico contro civili e militari russi all'interno di un aeroporto. Gli sviluppatori, fermo restante il divieto di vendita per PS3 e Xbox 360, si sono affrettati a rilasciare una patch per la versione Windows PC che escludeva questa missione dal contesto di gioco. In altre nazioni mondiali, ad esempio in Giappone, la medesima Campagna ha dovuto subire sostanziali modifiche al gameplay, ad esempio appare un Game Over quando si uccide un civile.

La grande popolarità del genere sparatutto, si è già visto come il 70% della classifica 2010 Steam sia rappresentato da questa tipologia, non è casuale, risponde a precise esigenze comportamentali del target maschile di riferimento. Essere in prima linea sui campi di battaglia, opporsi alla minaccia del terrorismo, lottare per la patria stimola l'immaginario collettivo permettendo di catapultarsi in un mondo altrimenti irraggiungibile. Queste premesse ci aiutano a comprendere come il prodotto sia stato classificato idoneo alla venduta per un pubblico maggiorenne (PEGI 18+). Per quanto di successo, il genere sparatutto impedirà a M.W.2 di diventare realmente mass market, limitandone anche le possibilità di espansione oltre il medium video-ludico. Una prova ulteriore di questa volontà di auto isolarsi in una specifica nicchia, arriva dalla cover raffigurante un marine con un mitra che lascia alle sue spalle un cumulo di macerie. Un'immagine forte, muscolare, maschile in grado di attrarre un segmento ben identificato ma al contempo di allontanare tutto un mondo di persone avverse alla violenza o disinteressate alla tematica, ad esempio l'universo femminile.

Massificazione Mimetica

Negli ultimi anni congiuntamente all'evoluzione in ottica casual dell'hardware, come visto nel precedente capito è nata una nuova filosofia di sviluppo giochi, nota come *"Mimetic Interface Games"*. Alla base di questa rivoluzione vi è un progressivo slittamento dal paradigma "hardcore" a quello "casual", reso possibile da una innovativa concezione di game design maggiormente improntata alla facilità di utilizzo ed apprendimento rispetto al recente passato. A render più facile il compito del giocatore, spesso alla sua prima esperienza alla console, ci pensano una serie di periferiche ad hoc. Guidare un go kart imbracciando un volante, colpire la pallina muovendo ritmicamente le braccia o partecipare ad un quiz game schiacciando una pulsantiera sono azioni che si rifanno al nostro vissuto quotidiano. Attingere a situazioni già note, facilita il compito nella trasposizione virtuale rendendo superflui manuali d'istruzione e lunghi tempi di apprendimento. E' più facile imparare la combinazione di sei tasti in Virtua Tennis o emulare la propria esperienza reale o televisiva attraverso movenze del corpo?

Una caratteristica dei Mimetic Interface Games è avvicinare il giocatore alla vita quotidiana, calandoli in ambienti e attività estremamente familiari e rilassanti. La complessità degli sparatutto o delle ambientazioni fantasy non trova cittadinanza in questo cambio culturale a favore del nuovo pubblico cui s'intende rivolgersi. Da giochi vietati ai minori, come *Call of Duty*, si passa a giochi classificati "Everyone", destinati al più ampio pubblico possibile. L'utilizzo del proprio corpo introduce una nuova dimensione di divertimento soprattutto se abbinata a sfide multiplayer. Guardare la propria ragazza in posizioni yoga, o la propria mamma avventurarsi in spettacolari rovesci aggiunge una profondità altresì impossibile impugnando un controller tradizionale.

Posizione	Titolo	Piattaforma	Publisher
1	Wii Fit Plus + Balance Board	Wii	Nintendo
2	Wii Sports Resort + Wii Motion Plus	Wii	Nintendo
3	Pokemon Argento SoulSilver + Pokewalker	DS	Nintendo
4	New Super Mario Bros	Wii	Nintendo
5	Pokemon Oro HeartGol + Pokewalker	DS	Nintendo
6	Martio Kart + Wii Wheel	Wii	Nintendo
7	God of War III	PS3	Sony
8	Pro Evolution Soccer 2010	PS2	Konami
9	Wii Play + Wii Remote	Wii	Nintendo
10	Dante's Inferno	PS3	Electronic Arts

Figura 21 - Classifica 1° semestre 2010 Italia (fonte AESVI).

La classifica dei dieci giochi più venduti in Italia nel primo semestre 2010 colloca l'importanza del fenomeno anche a livello commerciale. Nintendo con la sua console casalinga Wii e il portatile DS domina, posizionando ben sei giochi su dieci. L'exploit commerciale dei Mimetic Interface Games sposta il focus da una nicchia, per quanto alto spendente, alla totalità della popolazione. Nonostante la sua rilevanza, nessuno zoccolo duro è in grado di competere con la diffusione di massa e la riprova arriva dalla presenza limitata di titoli tradizionali come il calcistico *Pro Evolution Soccer*, lo sparatutto *God of War III* ed il platform brandizzato *New Super Mario Bros*.

Non sorprende il primato di *Wii Fit Plus* venduto in bundle con la Balance Board: un connubio tra software casual e periferica ad hoc in grado di rendere verosimili gli esercizi di dimagrimento, stretching e yoga. Un programma personalizzato al quale tutti possono partecipare senza doversi recare in palestra o in un parco. Non è un caso se il gioco ha attecchito in maniera straordinaria presso le famiglie ed in particolare verso il pubblico femminile.

Non stupisce il successo di ben due titoli Pokemon (marchio popolare tra i giovanissimi di mezzo mondo) venduti in bundle col Pokéwalker. Quest'ultimo altro non è che conta passi con l'aggiunta di alcune meccaniche ludiche: sbloccare oggetti, effettuare rudimentali battaglie e comunicare con altri Pokéwalker presenti in zona. Agganciandolo ai pantaloni diviene uno strumento da portare sempre con se. Questo gingillo comunica con la console portatile Nintendo via infrarossi consentendo l'interscambio dei dati. Il device, di grandezza inferiore ai 5 cm, utilizza un moneta virtuale chiamata "watts" ottenibile semplicemente camminando con il Pokéwalker, ogni 20 passi si ottiene 1 watt. Interessante notare come 20 passi corrispondano solitamente ad una caloria bruciata, divenendo di fatto uno sprono importante verso quei bambini tendenzialmente pigri o obesi tipici della società occidentale.

Sebbene non implementata per la prima volta, questa soluzione tecnica si rivela interessante per almeno tre aspetti:

- Aumenta considerevolmente l'esposizione al videogioco durante momenti atipici come l'attività sportiva o il recarsi a scuola. Senza la necessità di portarsi la console, si rimane legati al gioco in maniera soft ma costante.

- Effetti benefici sulla salute- Camminare fa bene ma nella società moderna si fa sempre meno per pigrizia o perché attratti da altri passatempi come internet, videogiochi e televisione. Idee come il Pokéwalker potrebbero spingere i ragazzi a passare più tempo all'aria aperta.

- Allungamento del ciclo vitale del prodotto. Per sbloccare tutti i percorsi per il proprio Pokemon, bisogna percorrere 1600 km, in media quattro ogni giorno. Il numero non è casuale, rappresenta l'optimum per tenersi in forma.

Non è nella seconda metà degli anni 2000 che nasce questo paradigma di game design. Sfogliando un qualsiasi libro di storia dei videogiochi è possibile riscontrare tracce sin dagli anni ottanta con alcuni prodotti in grado di spiccare su altri dando vita a dei sottofiloni:

NES Light Gun: Nel 1984 Nintendo lanciò per la sua console 8 bit una pistola (anche in versione revolver per il mercato nipponico) che rivoluzionò il modo di giocare gli sparatutto. Sia che si trattasse di papere che banditi, si poteva puntare la pistola verso il televisore e premere il grilletto per colpire oggetti su schermo.

Pedana Musicale: Nel 1999 Konami introdusse con *Dance Dance Revolution* uno dei primi rhythm games sul mercato occidentale. La particolarità del prodotto risiedeva in una pedana dotata di quattro frecce, sulle quali muovere i nostri piedi a ritmo di musica.

Buzzer: Una vera e propria pulsantiera rilasciata nel 2005 in bundle con *Buzz!,* popolare saga di quiz game prodotta da Sony. Riproducendo dinamiche tipiche degli show televisivi, esalta l'esperienza di gioco multiplayer grazie al grande bottone rosso ed i quattro piccoli colorati.

Tornando a tempi a noi più vicini *Rock Band* e *Guitar Hero* sono due saghe video ludico-musicali che hanno riscosso un tremendo successo negli ultimi anni dominando le classifiche di vendita dal 2006 al 2008 tanto da entrare nella cultura pop moderna.

Entrambi i titoli hanno come punto di partenza il voler trasformare ciascuno di noi in un musicista da salotto grazie all'utilizzo di periferiche, fedeli riproduzioni di strumenti musicali reali: microfono, bassi, chitarra. I giocatori possono eseguire, da soli o in compagnia fino a quattro amici, brani famosi pur in assenza di nozioni musicali. Se da un lato vi è la reale sensazione di imbracciare una splendida chitarra o scuotere energicamente un basso, dall'altro gli sviluppatori hanno semplificato il sistema di controllo inserendo dei tasti colorati che vanno pigiati in sincronia con l'imput su schermo. Ad ogni azione corretta corrisponderà una nota musicale per la gioia non solo del giocatore ma anche di parenti e amici presenti nel salotto! Man mano che si sale di livello diventa possibile eseguire i propri brani preferiti come se si fosse su un vero palco. La semplicità ed il divertimento della meccanica hanno reso questa tipologia di giochi adatti a tornei multiplayer in casa o addirittura in locali. Rock Band e Guitar Hero travalicano il concetto di videogioco, sono delle piattaforme di e-learning che sfruttano meccaniche ludiche per premiare il musicista con feedback positivi. Ad ogni azione ben eseguita corrisponde una nota reale.

Figura 22 – Sessione pubblica di gioco a Rock Band (Picasa Web Album).

L'incredibile adozione dei suddetti giochi musicali ha avuto pesanti riflessi nella vita quotidiana. Una ricerca di mercato, su un campione di oltre 7000 individui, commissionata nel 2008 dalla catena Americana Guitar Center, ha evidenziato come abbiano contribuito pesantemente all'interesse, spesso seguito da acquisto, dei videogiocatori nei confronti degli strumenti musicali reali. L'influenza si è estesa anche ai musicisti che hanno aumentato la frequenza di utilizzo dei loro strumenti. Nei negozi Guitar Center vi è stato un vero e proprio boom di vendite ai principianti in coincidenza col picco di commercializzazione delle controparti ludiche. Nelle festività natalizie 2007, ad esempio, si è registrato un +20,7% rispetto allo stesso periodo dell'anno precedente:

- Il 67% degli utilizzatori di *Guitar Hero* e *Rock Band* che non suona uno strumento musicale ha espresso la volontà di studiarne uno nei prossimi due anni.

- Il 72% dei musicisti che giocano *Guitar Hero* e *Rock Band* ha ripreso a dedicare maggior tempo ai propri strumenti rispetto a prima.
- L'81% di coloro che si sono appassionati alla musica attraverso giochi musicali desidererebbero ricevere a Natale uno strumento in regalo.

Emblematiche le parole del dottor Larry Livingston, Music Director of the Thornton School of Music at the University of Southern California.

"These games are a painless and fantastically seductive entrée to playing music..."

Fino ad oggi si è sempre pensato che solo la vita reale fosse in grado di fornire elementi validi per la realizzazione di un videogioco, dalle ambientazioni alle trame passando per licenze di personaggi famosi. Nell'immediato futuro è pensabile che l'ondata di "Mimetic Interface Games", sempre più incoraggiata dalle aziende produttrici, possa influenzare positivamente numerosi aspetti della vita reale. Pensiamo a sport "minori" come la Boxe, Fitness e Tennis, ora in auge per Wii, Kinect e Move, che potranno beneficiare di nuova linfa vitale grazie ad un primo approccio soft-videoludico in grado di trainare masse verso la versione l'equivalente esperienza "fisica". Non è un caso che nell'ultima parte del 2010 titoli come *Just Dance 2* abbiano spopolato nelle classifiche di vendita, il titolo Ubisoft addirittura sfondato in pochi mesi i cinque milioni di unità vendute su Nintendo Wii in giro per il mondo. Un ulteriore gradino evolutivo che dalla riproduzione di strumenti in uso nella realtà si muove verso il corpo umano come unico sistema di controllo dell'interazione. Non solo danza ma anche fitness, tra le offerte spicca *Get Fit with Mel B* dell'italianissima Black Bean, disponibile su Move e Kinect.

La massiccia adozione di alter ego virtuali, anche detti avatar, risponde a precise esigenze motivazionali. Un esperimento condotto nel Virtual Human Interaction Lab della Stanford University ha dimostrato che guardare e comandare un personaggio digitale, simile alle proprie sembianze, aiuta la frequenza e sessione di utilizzo del simulatore di fitness di turno. Il gruppo di cavie dotato di avatar personalizzato ha mostrato un tasso di utilizzo otto volte maggiore rispetto alle cavie con avatar pre-impostato.

I Mimetic Interface Games rappresentano un importante momento di rottura con la tradizione, per la prima volta l'azione non è più all'interno dello schermo ma si sposta nello spazio fisico del giocatore. Questo spostamento dell'asse prospettico rende i giochi facilmente comprensibili a tutti ed apprendibile anche solo seguendo le movenze di un proprio amico attraverso l'osservazione diretta. E' un tuffo alle origini dei videogiochi, agli anni 70 quando i primi cabinati arcade utilizzavano strumenti di controllo differenti secondo la tipologia di giochi.

Cosa sarebbe stato Arkanoid senza la sua rotellina per muovere il blocco in basso allo schermo?
 E' inconcepibile un gioco spacca mattoncini da gestire mediante joystick tradizionale, perderebbe gran parte del suo fascino. Lo stesso dicasi per numerosi racing game senza un volante o giochi alla Virtual Cop senza una pistola o un fucile di precisione.

Giocare in uno spazio fisico reale innesca meccanismi di sfida e cooperazione molto lontani dalla normale dialettica video ludico. In un adventure game giocato in solitario, la morte del personaggio rappresenta un insuccesso e spesso determina stati d'animo negativi nel giocatore come rabbia o frustrazione per l'incapacità di superare un determinato ostacolo. In contrapposizione giochi come Wii Sports trasformano le sconfitte in momenti umoristici: mandare la palla da bowling nel corridoio laterale o mancare un diritto diventano argomenti di conversazione in famiglia conferendone un aspetto positivo. La materializzazione plastica di questo fenomeno si ha recandosi sul popolare sito di fotosharing Flickr.com. Tra le venti immagini principali digitando la parola "Wii Tennis" appaiono ben diciassette scene di giocatori ritratti nell'atto di una sfida tennistica. Se invece si prova a digitare "Gears of War", solo un'immagine su venti ritrae un giocatore, mentre dominano le immagini in-game.

Ancora una volta il libro "A Casual Revolution" di Jesper Juul arriva in soccorso per fornire la prova finale del solco culturale tra un classico gioco console ed un Mimetic Interface Games. L'esempio addotto è il differente sistema di controllo tra i due titoli next gen Virtual Tennis 3 (PS3) e Wii Sports Tennis.

MAIN CONTROLS	
Move. Aim. Aftertouch:	Directional
Move:	Left Stick
Aim:	Left Stick
Aftertouch:	Left Stick
Top Spin Shot:	X
Slice Shot:	□
Top Spin Shot:	O
Lob Shot:	△
Instruct COM Partner:	L1
Instruct COM Partner:	R1
Pause:	Start
Toggle Viewpoint:	Select
Move controller (tilt left/right/up/down):	Move
Swing Controller Horizontally Left/Right:	Top Spin Shot
Swing Controller Vertically Down:	Slice Shot
Swing Controller Vertically Up:	Lob Shot
X+square or Circle+square:	Lob Shot

Figura 23 - Schema controlli Virtua Tennis 3 per PS3.

Undici tasti principali su PS3 contro nessun su Wi. Da un punto di vista della profondità, il gioco pubblicato da Sega uscirà sicuramente vittorioso nel medio/lungo periodo. Una volta impadronitisi del sistema di controllo, è possibile eseguire n maggior numero di movimenti dando vita a sfide realistiche. Il titolo Nintendo, però, è più immediato e non incute timore reverenziale. Chiunque abbia giocato almeno una volta a tennis nella sua vita o abbia guardato match in TV, è in grado di sfoggiare dritto e rovescio entrando nel vivo del divertimento sin dai primi minuti.

Secondo voi quale gioco risulterà più appealing per un non giocatore?

Massificazione Distributiva

Hardware e software rappresentano indubbiamente le colonne d'Ercole su cui poggia il mercato dei videogiochi, ma senza il canale distributivo i giochi rimarrebbero ad uso e consumo dei loro produttori. Il primo pensiero va a catene specializzate come GameStop o a negozi di elettronica di consumo come MediaWorld ed Euronics o ancora ad appositi game corner ormai presenti nella grande distribuzione da Carrefour a Coop passando per Le Clerc.

Per larga parte degli anni 80 l'edicola rappresentò una valvola di sfogo importantissima per gli acquisti. Era il Marzo del 1983 quando Commodore lanciò ufficialmente in Italia il computer entertainment C64 al proibitivo prezzo di circa un milione di lire. Nonostante il considerevole esborso necessario e la non ancora diffusione dei computer domestici, l'apparecchio riuscì a piazzare nei suoi dieci anni di produzione ben diciassette milioni di esemplari divenendo a tutti gli effetti il PC più venduto di tutti i tempi. Sebbene utilizzabile per svariate tipologie di applicazioni, fu proprio il gaming a renderlo così universale dando vita ad una comunità di sviluppatori in grado di sfornare oltre 18.000 titoli sia su cassetta che Floppy Disk. Famoso lo slogan tv in cui veniva detto "Compramelo Babbo, così ci giochi pure tu!".

Le edicole permisero a questi sviluppatori di raggiungere un enorme bacino di utenza, gettando le premesse per il boom delle "collection" di giochi a basso prezzo. A onor del vero bisogna dire che si trattava di un mercato parallelo, legale a causa di una legislazione italiana carente in materia, in cui alcune case editrici modificavano giochi prodotti all'estero (in rarissimi casi commissionavano sviluppi a ragazzi liceali ed universitari) cambiando qualche schermata e nome gioco e *incellofanavano* il tutto insieme con una rivista. In una primissima fase era possibile acquistare le cassette, contenenti almeno otto giochi (quattro per lato), al prezzo di dieci-mila lire, ma in seguito furono offerti ribassi ad ottomila ed addirittura tremila.
La capillarità delle edicole, presenti in ogni paesino, ed il prezzo appetibile rese i chioschi il veicolo primario di distribuzione. La rete ufficiale, molto meno radicata sul territorio, proponeva giochi singoli ufficiali al prezzo di circa ventimila lire; cifra proibitiva considerando l'alto tasso di giochi cestinati per via della mancanza di informazione lato utente. Ogni acquisto era una scoperta e molto spesso si rimaneva delusi perché il nome del gioco traeva in inganno rispetto al gameplay vero e proprio.

Fu anche l'avvento della pirateria di massa, chiunque era in grado di copiare il contenuto di una cassetta anche utilizzando un semplice stereo a due vani: nel primo s'inseriva la cassetta originale, nel secondo un vergine. A questa forma di riproduzione fai da te si affiancò una ben più organizzata e lucrativa. Nacquero una serie di aziende italiane basate sulla modifica di codici sorgenti di titoli sviluppati all'estero allo scopo di rivenderli in edicola con loghi e nomi differenti. Tutto questo fu reso possibile da un vulnus legislativo che non tutelava sufficientemente il copyright in ambito video ludico. Spesso queste aziende affidavano i lavori a studenti liceali/universitari pagandoli lautamente all'insegna di un boom economico che stava contagiando tutti.

Figura 24 – Gemini Wing per C64 distribuito nei canali ufficiali.

Saltando avanti di un decennio, si trova ancora il canale edicola al centro degli appetiti dei Publisher. Sebbene gli anni 90 avessero assistito alla diffusione delle reti vendita ufficiali grazie alla diffusione capillare della Playstation di Sony, le edicole divennero nuovamente un eldorado soprattutto per i giochi PC. Bisogna premettere che l'edicolante trattiene un margine di guadagno notevolmente inferiore rispetto ad un punto vendita MediaWorld, aspetto allettante per i distributori che potevano abbinare più alti guadagni e maggiore diffusione sul territorio nazionale.

Queste ed altre considerazioni fecero da premessa al successo di *PC Calcio* sviluppato dalla spagnola Dinamic Multimedia. Il manageriale consente al giocatore di gestire in ogni aspetto una squadra professionistica a sua scelta: allenamenti, formazione, gestione aspetti marketing e tanto altro ancora. Il primo capitolo italiano arrivò nel 1995 con la versione PC Calcio 4.0 disponibile sia su tre dischetti sia in CD-Rom rispettivamente al prezzo di sedici e ventinovemila lire.

Il gioco ottenne un tale successo da essere distribuito in giro per il mondo con versioni localizzate totalizzando nei suoi vari rilasci annuali oltre due milioni di copie vendute. In Italia si assistesse a delle vere e proprie scene di isterismo, con gli edicolanti impreparati ad un tale fenomeno. Giornalmente gli appassionati passavano nel chiosco vicino casa perpetrando la consueta domanda "E' arrivata la nuova edizione?".

Figura 25 - Schermata iniziale PC Calcio 5.0.

L'impreparazione dei giornalai, ad esempio nell'affrontare i clienti delusi per un dischetto non funzionante, e il sovraffollamento di giochi in vendita dei primi anni 2000, saturò questo canale fino ad allora profittevole. Per inciso il collasso del canale e la sempre più agguerrita concorrenza, portano alla bancarotta Dinamic Multimedia ed il brand passò in mano alla Gaelco.

Nel 2003 fece la sua comparsa in Giappone un gioco per PS2 rispondente al nome *di KA 2: Let's Go to Hawaii* pubblicato da Sony. Il concetto era alquanto strampalato, si impersonava una mosca il cui obiettivo era succhiare più sangue possibile da esseri umani così da poter sopravvivere al rigido inverno. Fece parlare di se in Giappone per la pionieristica strada di distribuzione intrapresa; per la prima volta un videogioco era esposto e commercializzato nelle farmacie. Sfruttando la concomitanza col periodo estivo, Sony strinse una partnership con un'importante catena di prodotti per la salute dove milioni di giapponesi si recano puntualmente per acquisire creme contro le punture d'insetto.
Il gioco ben esposto poteva sfruttare la "pedonabilità" a tema offrendo un'audience casual ad un prodotto che aveva l'obiettivo di aggredire una nicchia ben specifica. L'allontanarsi da schermi tradizionali è chiaro sin dalla cover dell'edizione originale giapponese raffigurante un piede femminile nell'atto di esser punto da un moscerino.

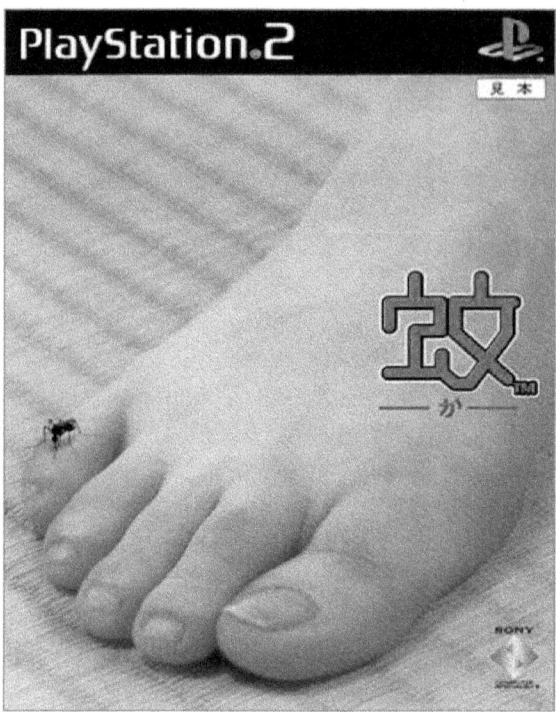

Figura 26 - Cover giapponese di Ka.

Nell'ottica della massificazione della distribuzione merita una menzione d'onore un titolo che sul finire degli anni novanta ottenne un tale successo da scalzare, per un breve periodo, Windows 98 dalla vetta dei software più venduti in ambito PC. La saga di *Deer Hunter*, pubblicata inizialmente da GT Interactive, portò per la prima volta alla ribalta economica il mercato del casual game grazie al binomio gameplay/posizionamento marketing. Il simulatore di caccia venne promosso e venduto nelle armerie americane, tipici luoghi di ritrovo per gli appassionati di caccia. Nella stessa attività commerciale era possibile comprare armi, munizioni ed attrezzature venatorie ed il software in grado di emulare l'esperienza. Il successo sembra essere senza tempo, continua ancora oggi con oltre dieci milioni di download generati dalle versioni su cellulare. L'idea fu geniale, si offriva l'opportunità di proseguire il proprio hobby anche nei momenti domestici dando vita ad una continuità reale/virtuale fortunatissima. Le strategie di distribuzione si spinsero oltre, creando dei bundle pionieristici per l'epoca: acquistando un nuovo fucile da caccia veniva regalata una copia del gioco. L'effetto fu altamente dirompente all'interno di una società, come quella americana, ad alta predisposizione all'armarsi per autodifesa, caccia e quant'altro.

In meno di otto mesi fu raggiunto il milione di copie vendute ed in meno di due anni furono traguardati i due milioni di copie. Non si sottrasse a questi numeri anche il sequel Deer Hunter II in grado di piazzare in pochi mesi ottocentomila unità al prezzo di venti dollari. Pensare che il titolo originale nacque su commissione della grande catena americana Wall Mart che ne ordinò un milione di copie, nessuno all'epoca pensava di dar i natali ad uno dei brand più lucrativi della storia degli anni 90 sebbene totalmente ignorato dalle riviste specializzate per il suo essere estremamente di nicchia. A titolo di cronaca la realizzazione costò "soli" centomila dollari.

Figura 27 - Deer Hunter 2 cover.

I grandi bacini di utenza contribuiscono all'abbattimento della cultura unica. Man mano che si esce dalla chiusura a riccio tipica di una certa parte dell'industria video ludica si aprono centinaia di nuovi mercati, centinaia di nicchie da aggredire. Nicchie di milioni di persone, spesso alto spendenti, pronte a tutto per avere il gioco in grado di capire e soddisfare un proprio hobby ed esigenza. Questo fece GT Interactive, rispose ad un'esigenza reale con un prodotto.

Quante altre centinaia di nicchie inespresse sono individuabili nella sola industria video ludica? L'avvento delle nuove piattaforme online, in grado di democratizzare i processi distributivi ed abbassare i costi di sviluppi, avrà un impatto dirimente nei prossimi anni andando a influenzare la geografia dei top seller. E' probabile che già dalla prossima generazione di console i risultati ottenuti da giochi come Call of Duty non saranno più ripetibili ripercorrendo un cammino già visto in altre industrie. L'aprirsi alle nicchie ha il grande pregio di allargare enormemente la base di fruizione ed il "difetto" di distrarre l'attenzione, e di conseguenza i budget delle masse in una miriadi rivoli. Questo è ampiamente testimoniato dal mondo musicale dove si raggiunse l'apice dei bestseller negli anni 2000 quando album come No Strings Attached degli NSYNC vendevano 2.1 milioni di copie al dayone grazie alle magiche alchimie del marketing. Da allora, complice la diffusione di servizi legali come iTunes e Pandora, la musica è cambiata ed il potere delle grandi etichette è collassato di anno in anno in favore di milioni di canzoni in catalogo, spesso prodotte da piccole etichette se non auto prodotte.
Chi fosse interessato al tema generale, può leggere il nel libro "The Long Tail: Why The Future of Business is Selling Less of More" di Chris Andersson.

Nel corso del capitolo sono state illustrate tre strade intraprese dall'industria video ludica nel tempo per attuare quel processo di massificazione tanto agognato per rimpinguare i bilanci di fine anno.
Si è dapprima parlato della "massificazione muscolare" che ha trovato in Activision Blizzard il Publisher per antonomasia. Un prodotto ben fatto, mirato alla base hardcore console e con una spinta marketing notevole riesce a realizzare numeri significativi tanto da diventare il miglior lancio entertainment di sempre.

In seconda istanza si è preso in esame l'allargamento basato su hardware e software in grado di calare i "casual game" all'interno di un videogioco 3D grazie alla rivalutazione del movimento fisico. Gran parte del merito va data a Nintendo, la prima a scommettere lato hardware su questa nuova tendenza e quindi apripista verso forme di sperimentazione in parte riprese da Apple col suo device iPhone.

Infine il potenziale, ancora largamente inespresso, di nuove soluzioni distributive per i giochi fisici. Attraverso alcuni esempi mirati si è visto come il giusto prodotto veicolato nell'appropriato punto vendita possa contribuire a successi commerciali sulla forza delle nicchie di mercato.

Per quanto tutti metodi interessanti ed a loro modo significativi, il problema di fondo che accomuna il mondo console, e secondariamente quello PC, è la forte barriera di ingresso iniziale. Ogni iniziativa trova un limite, spesso invalicabile, nella necessità di acquistare un hardware ad hoc. Ogni hardware ha un costo iniziale e/o di aggiornamento (schede grafiche PC ad esempio o acquisto accessori console) che scoraggia un elevato numero di potenziali utenti ed al contempo facilita il passaggio da non giocatori a giocatori digitali, una migrazione verso piattaforme di massa che abbattono il più possibile le frizioni d'ingresso.
Questo sarà l'ultimo capitolo dedicato all'industria tradizionale, dal prossimo allargheremo lo sguardo verso il nuovo paradigma digitale che sempre più profondamente sta minando le fondamenta dell'industria rivoluzionando ogni singolo aspetto del ciclo vitale di un prodotto in favore di quella "Gamification" spesso agognata ma mai fino in fondo perpetrata nel mondo console e PC.

TELEFONO O GIOCO?

Il fenomeno della telefonia mobile

Il 3 aprile 1973 l'ingegner Americano Martin Cooper eseguì la prima telefonata in mobilità anticipando al mondo il futuro delle telecomunicazioni fino allora caratterizzate dall'idea di raggiungibilità di un luogo piuttosto che una persona.

Come spesso accade per le idee rivoluzionarie, l'invenzione del telefonino ha un'origine romanzesca. Il direttore della ricerca Motorola ebbe la scintilla guardando la prima serie di Star Trek, saga fantascientifica caratterizzata dalla nave spaziale Enterprise impegnata nell'esplorazione della galassia alla ricerca di nuove forme di vita e civiltà. A bordo i vari personaggi come Kirk, Vulcano e Spock comunicano attraverso un dispositivo auricolare e da lì l'idea di rendere libere le persone di comunicare tra loro. A dirla tutta, il primissimo Motorola DynaTac pesava 1,5 kg ed era oltre 20 cm di lunghezza, non propriamente un oggetto futuristico.

Passarono dieci anni dal prototipo al lancio commerciale, esattamente nel 1983 comparvero nei negozi i primi telefonini abbinati a piani tariffari per l'utenza consumer. Il prezzo era 3500 dollari (circa 6.000 euro al cambio e al tasso d'inflazione odierna), una forte barriera alla massificazione, tant'è che rimane un simbolo di benessere fino alla fine degli anni '90. I telefonini dell'epoca rispondevano ad un'unica necessità, abilitare la comunicazione voce tra due persone situate in località differenti.

Figura 28- Martin Cooper, padre della telefonia mobile.

La progressiva miniaturizzazione delle componenti interne, la linea di design sempre più accattivante, il costante abbassamento dei prezzi e soprattutto l'avvento degli sms ha rivoluzionato il concetto stesso di telefonino rendendolo parte integrante della vita quotidiana tanto che diverse ricerche collocano il suo utilizzo giornaliero vicino alle quindici ore.

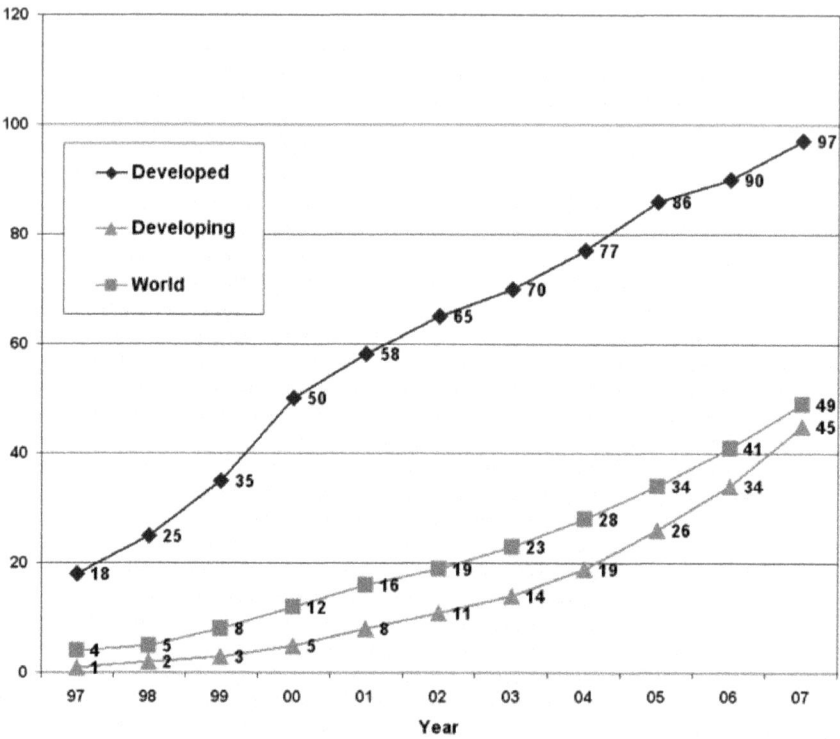

Figura 29 – Crescita mondiale 1997-2007 dei telefonini.

Per dare un senso dell'escalation, nel 1990 vi erano 12,4 milioni di utenti nel mondo e venti anni dopo, nel 2009, hanno raggiunto la soglia dei 4,6 miliardi. Nessun altro apparecchio al mondo ha una tale popolarità, nemmeno la televisione, la radio o i telefoni fissi hanno riscosso un simile successo.

Nel palcoscenico globale, l'Italia riveste un ruolo di primo piano grazie ad un tasso di penetrazione senza eguali. Su una popolazione di 60.380.912 al 28 febbraio 2010, si riscontrano 88.454.000 milioni di SIM attive, ogni italiano (bambini compresi) possiede quasi 1,5 schede a testa.

OPERATORE	NUMERO ABBONATI
TIM	30.400.000
VODAFONE	30.247.000
WIND	18.800.000
3	9.0007.000

Figura 30 – Penetrazione 2010 in Italia.

Da iniziale mezzo di pura comunicazione, il telefonino si è evoluto nel tempo figliando una serie d'industrie contigue volte a sfruttare l'incredibile penetrazione dello strumento per veicolare contenuti di varia natura. Il segmento entertainment è storicamente uno dei più attivi in ambito "mobile content", trasformando, di fatto, il telefonino in uno strumento di svago e divertimento. Questa corsa alla multimedialità trova la ragion d'essere nelle modalità stesse di utilizzo, estremamente differenti da altri apparecchi domestici come la TV, Radio o le console stesse. Il cellulare è sempre a portata di mano tanto da essere spesso considerato un'appendice del corpo, tanto è il rapporto viscerale che se ne ha.

In una logica commerciale, un device tanto più è di successo tante più chance di vendere software si avranno. A livello puramente teorico, un bacino di 250 milioni di console potrà consentire il raggiungimento di un analogo quantitativo di copie vendute per un singolo gioco. Se la platea è di quattro miliardi di telefoni, i numeri possono cambiare radicalmente!

Dopo cinema, televisione e PC, il cosiddetto quarto schermo diviene veicolo di diffusione per l'industria dei "media". La data fatidica è il 1998, anno in cui l'operatore mobile finlandese Radiolinja (ora Elisa) lanciò il servizio di ringtones (suonerie) Harmonium. Gli utenti potevano acquistare musicherie commerciali o crearne delle proprie, trasformando il medium da passivo ad attivo. Un meccanismo semplice, gli utenti ricevevano un sms contenente un link cliccabile, il download poteva così partire facendo leva sulla connessione wap.

Come già visto per lo sviluppatore di Solitaire su Windows e per l'autore della prima telefonata mobile, l'idea non prese origine da motivazioni economiche. Era una mattina di Dicembre del 1997 per il ventiseienne Vesku Paanen, il risveglio fu orribile a causa di una sbornia frutto di un mix tra birra e vodka Koskenkorva. A rendere ancora più traumatico quel mattino fu lo squillare del suo Nokia 6110 con la tipica melodia odiosa che all'epoca non era possibile cambiare. Forte delle sue conoscenze tecnologiche, ricopriva il ruolo di CTO nella new media company Yomi Group, propose a numerose aziende di settore la sua idea ottenendo numerosi rifiuti. Il resto è storia dei nostri giorni. Le allora suonerie monofoniche sono diventate parte di un'esperienza allargata d'intrattenimento, video, mobile community, sfondi, servizi informativi, il cui fatturato 2010 si aggirerà intorno ai 62 miliardi di dollari.

Un'evoluzione che ha portato milioni di nuovi individui, totalmente estranei alla logica video ludica, di entrare per la prima volta in contatto con questo mondo attraverso uno strumento nato per altre finalità. Una larga fetta di pubblico femminile ed in età adulta ha conosciuto un primissimo processo di alfabetizzazione grazie ai giochi precaricati nel telefono o ai cosiddetti "one touch".

Una larga parte di questo capitolo sarà dedicata alla storia del "Mobile Gaming", per capirne non solo le origini ma anche il processo evolutivo che ha permesso la sua progressiva ubiquità e massificazione. L'ampio spazio dedicato si giustifica con la totale assenza a livello mondiale di un primo processo di storicizzazione del fenomeno, e si spera di colmare questa lacuna in attesa di opere monotematiche.

Prima di iniziare questo viaggio nel passato sarà bene dare una definizione stringente dei giochi per cellulare.

"Un mobile game è un gioco fruibile in qualsiasi location ed in mobilità utilizzando come hardware un device dotato di funzioni di telefonia mobile ed in quanto tale non nato specificatamente come strumento d'intrattenimento".

Questo breve testo sgombra ogni equivoco tra i giochi per cellulari e la restante industria delle console portatili.

Storia del Mobile Gaming

Le Origini

Il 1997 fu il prologo di un libro che troverà pieno espletamento solo negli anni 2000 con la standardizzazione produttiva e commerciale dei giochi. Le grandi idee spesso anticipano i tempi, e questa è la storia dietro il primo gioco per cellulare mai creato. Nokia era già all'epoca leader europeo di mercato nella vendita di telefonini grazie a modelli accattivanti ed a dinamiche di prezzo molto competitive. Si parla di terminali con schermi monocromatici, bianco e nero, utilizzabili esclusivamente per telefonare ed inviare sms (il primo sms fu spedito da un PC ad un terminale mobile nel 1992 con il testo MERRY CHRISTMAS), ogni altra tipologia di utilizzo era impensabile ed impossibile tecnicamente.
Ancora una volta l'idea nacque in Finlandia. Allo scopo di differenziare e personalizzare i propri modelli rispetto all'agguerrita concorrenza, Nokia intuì le potenzialità che i giochi potevano esprimere. Purtroppo mancava una tecnologia in grado di rendere possibile il download di applicativi (ancora non era nato il protocollo di trasferimento dati in mobilità WAP) e si sopperì precaricando il contenuto nel terminale. Taneli Armanto, Design Engineer di Nokia, poté in questo modo entrare nella storia sviluppando il primo videogioco per cellulare, universalmente noto come Snake. Il terminale prescelto fu il nuovissimo Nokia 6110, modello rivolto ad una clientela business ed allora rivoluzionario vista la presenza di una porta infrarossi e la compatibilità con le suonerie monofoniche scaricabili. Per contestualizzare i limiti tecnologici dell'epoca, è il caso di segnalare come solo dieci fossero i messaggi archiviabili, tant'è che spesso si era costretti a trascriverli su un quaderno per conservarli nel tempo. Altri tempi!

Per la prima volta nel menu di un cellulare compariva un'area "Giochi". Entrandovi si potevano testare ben tre giochi completamente gratuiti ed in versione completa:

SNAKE: A buon diritto considerato l'antesignano del gioco in mobilità, il suo sviluppo iniziò nel 1997 anticipando la commercializzazione del 1998. Non si trattava di un nuovo concept, bensì un adattamento al piccolo schermo di una serie di giochi arcade che presero le mosse nel 1976 da *Blockade* sviluppato da Gremlin. La meccanica di gioco si sposava benissimo col nuovo medium, un serpente in movimento nelle quattro direzioni lungo l'area di gioco con lo scopo di fagocitare semini che gli allungano progressivamente la coda. La partita finisce quando la testa urta una parte del corpo o le mura che delimitano il perimetro di gioco. La presenza di un sistema di punteggio favoriva la competizione indiretta tra amici.

Il gioco ebbe un tale successo da diventare un franchise mobile che oggi conta almeno otto sequel ufficiali ed una miriade di cloni e spin off. Dal semplice gioco monocromatico (vedi foto) si è giunti a versioni 3D con multiplayer via bluetooth per la seconda generazione dei Nokia N-Gage.

Figura 31c- L'originale Snake.

MEMORY: Secondo in termini di utilizzo, Memory era anch'esso un videogioco ispirato a concept già ampiamente in uso in quiz televisivi come "BIS" di Mike Bongiorno. Lo scopo è di indovinare coppie di carte uguali scoprendole due per volta. Minore è il numero di tentativi, maggiore sarà il punteggio assegnato.

LOGIC: Purtroppo questo titolo cadde velocemente nell'oblio, non trovando successo presso l'utenza mobile. Una serie di disegni da mettere in sequenza, ogni tentativo sbagliato era seguito da un'indicazione a schermo indicante quanti, ma non quali, erano stati posizionati in maniera inesatta. A lungo andare diveniva frustrante per via della casualità e della mancanza di un sistema di punteggio.

Nessuno ebbe lontanamente il sentore di star seminando in un terreno che anni dopo sarebbe diventato ricco di frutti. Sorprendere ancora oggi l'incredibile successo di Snake, tuttora il più conosciuto gioco per cellulare di tutti i tempi. Una quantificazione, forse per difetto, proietta il serpentone in 400 milioni di terminali, una penetrazione doppia rispetto all'intera saga di Mario Bros.

Gran parte di questo successo si deve alla modalità "embedded", il gioco era fornito gratuitamente all'interno dell'hardware.

La strategia era inedita nell'ambito delle telecomunicazioni, ma affondava le sue origini agli inizi del '900 quando King Gilette ebbe la straordinaria idea di inserire delle lamette intercambiali nella confezione del rasoio. Fino ad allora le lame del rasoio andavano frequentemente affilate per garantirne la corretta funzionalità e non tutti avevano voglia e tempo da dedicare a quest'attività. L'idea del geniale giovanotto americano fu quella di vendere il rasoio ad un prezzo irrisorio insieme ad un primo set di lamette in grado di alfabetizzare gli acquirenti. Inutile dire che il 99% dei guadagni derivava dalla continua richiesta di nuove lamette e così nacque uno dei più lucrativi mercati, ancora oggi immutato.

In campo digitale verso la metà degli anni '90 si assistette ad una guerra tra i creatori di software affinché le manifatture dei PC li installassero. Fu così che Word-Perfect Office e Lotus Smartsuite iniziarono un'aggressiva politica di prezzi per consentire ai loro programmi di entrare nelle case di milioni d'individui. I mancati ricavi iniziali venivano compensati dai futuri upgrade che alcuni utenti facevano nel tempo, acquisendo le edizioni aggiornate. Questo fenomeno spaventò non poco Microsoft che rischiava di venir tagliata fuori da un fiorente business dove aveva un prodotto di qualità come Office che, però, veniva venduto ad un prezzo elevato e quindi mai precaricato da aziende come Dell all'interno dei suoi Personal Computer. La risposta non tardò ad arrivare, l'azienda di Redmond diede alla luce Microsoft

Works, versione minore ma totalmente compatibile di Office, venduta a soli dieci dollari alle manifatture PC.

Grazie a questa strategia Nokia ottiene un enorme vantaggio competitivo rispetto ai competitor che solo in seguito abbracciarono il mondo dei giochi.

WAP ED SMS GAMES (1999-2002)

I primissimi esempi di mobile game sopra citati erano accomunati dall'essere preinstallati, di fatto era impossibile scaricarli o rimuoverli in assenza di un sistema di trasferimento dati efficace. Le cose iniziarono a cambiare nel 1999 quando un consorzio formato da Nokia, Motorola ed Ericsson decise di adottare uno standard comune di comunicazione denominato WAP. Il Wireless Application Protocol permetteva finalmente ai cellulari di accedere a servizi dati attraverso un browser che simulava, con tutte le limitazioni del caso, la prestazione dei browser PC. Questa invenzione, datata originariamente Aprile 1998, gettava le basi per il mercato dei contenuti per cellulare così come lo conosciamo oggi. Creato il protocollo, arrivò anche il primo cellulare *wap enabled*. Il Nokia 7110 venne annunciato nel mese di Febbraio e commercializzato ad Ottobre 1999 con una grande enfasi marketing sull'accesso ad un mondo tutto nuovo di contenuti. In Inghilterra gli operatori telefonici puntarono subito forte sul mondo WAP tanto da spingere l'operatore BT CELLNET a realizzare una massiccia campagna pubblicitaria dal motto "Surf the net, Surf BT Cellnet". Gli oltre 20 milioni di sterline (circa 35 milioni di euro al cambio attuale) spesi in TV, giornali e cartelloni trainarono le vendite dei terminali wap enabled, creando tra l'altro il falso mito dell'internet in mobilità cosa che costò forti lamentele e critiche. E' importante rilevare l'esclusiva raggiungibilità dei siti specificatamente realizzati per lo standard WAP, era, infatti, impossibile accedere alle URL comunemente utilizzate da PC. In Italia fu Omnitel (ora Vodafone) la mattatrice del 1999 con una serie di campagne pubblicitarie martellanti incarnate dalla bellezza di Megan Gale.
Oltre alle problematicità tecniche e all'incompatibilità col 99% dei siti web, vi era un problema di costi. La connessione WAP era salatissima,

a titolo di esempio Omnitel adottò una tariffa di 240 lire il minuto. I primissimi servizi a valore aggiunto (VAS) potevano finalmente contare su una piattaforma standard in grado di abilitarne l'uso presso centinaia di milioni di utenti sparsi per l'Europa. Né gli operatori telefonici né tantomeno i produttori di cellulari erano attrezzati per far fronte alle nuove esigenze del pubblico, la mancanza di sensibilità sui contenuti venne colmata da centinaia di start up, molte delle quali focalizzate nella realizzazione e distribuzione di wap game.

I wap game furono la primissima risposta commerciale al successo ottenuto dagli *embedded game* stile Snake. Sostanzialmente si trattava di giochi online, adattati a schermi monocromatici 96x65, che presupponevano uno scambio continuo di dati tra il giocatore ed il server dove era ospitata l'applicazione. Tra le tante *start up* dell'epoca, sono ancora in vita due, la francese Ludiwap (ora Gameloft) e l'inglese Digital Bridges (ora i-Play). Ludiwap altro non era che uno spin off mobile di Ubisoft, gigante del *gaming* tradizionale, ed ebbe l'indiscusso merito di aprire per prima un ufficio dedicato a Milano sancendo la prospettiva economica che questo mercato avrebbe avuto negli anni a venire anche nel Belpaese. Nel 2000 fu Digital Bridges a guidare il pubblico europeo, ed italiano, alla scoperta di una nuova dimensione ludica.

Ancora una volta furono i giochi a trainare la nascita di una nuova tecnologia e la testimonianza arriva da un comunicato dell'Agosto 2000 in cui si traccia il primo bilancio dell'area gaming denominata Wap'n Play. A due mesi dalla nascita e nonostante la competizione di oltre cento servizi (e-mail, sms informativi, suonerie) erano oltre 50.000 i giocatori wap attivi tra i quindici giochi messi a disposizione. Quiz, puzzle, carte e giochi di abilità ottennero il maggior gradimento, dimostrando per l'ennesima volta come dinamiche di vita quotidiana siano di appeal immediato per un pubblico estremamente eterogeneo, qual era quello dei navigatori in mobilità dell'epoca. Non che mancassero giochi più vicini alla mentalità console, addirittura un simulatore di box ed uno di carri armati con modalità multiplayer.

Microsoft aveva visto nei giochi un formidabile strumento di e-learning verso il sistema operativo Windows, ora gli operatori telefonici stavano utilizzando i giochi come servizio civetta per educare e incentivare i propri abbonati ad effettuare traffico dati. Più si giocava, maggiori diventava il fatturato per l'operatore telefonico e la fidelizzazione dell'abbonato al portale wap, detto anche deck portal in inglese.

Tra i giochi più innovativi e di successo rilasciati nel 2000 si annovera *Alien Fish Exchange* di nGame. Sostanzialmente una riproduzione in chiave wap del mitico Tamagotchi, dove il pulcino cedeva il passo ad un pesciolino alieno da selezionare e poi allevare. Oltre all'aspetto di *Pet Caring*, faceva capolino una funzione manageriale offrendo la possibilità di vendere ai ristoranti i pesci coltivati ottenendo in cambio del denaro utile per acquistare nuove specie ittiche.
L'altro titolo che segnò il primo anno del nuovo millennio fu senza dubbio *LifeStylers* di PicoFun. Il progetto dell'azienda inglese era rivoluzionario, creare un grande *massive multiplayer online* (MMO) su cellulare anticipando un genere reso famoso da *Second Life*. Nei panni di un avatar era possibile esplorare varie ambientazioni, compiere differenti azioni, parlare con personaggi non selezionabili ed eseguire comportamenti in grado di farci eccellere in una delle seguenti categorie: Clown, Atleta, Casanova, Couch Potato, Average Joe e Greek.

Nel giro di pochi mesi i giochi wap divennero un elemento essenziale dell'offerta entertainment degli operatori telefonici mondiali, un miracolo considerando la natura non gaming di queste grandi corporation in grado di fatturare miliardi di euro ogni anno. Si assistette alla nascita di dipartimenti gaming negli operatori con tanto di figure di product manager in grado di sfruttare al massimo il momento. E' bene sapere che la quasi totalità degli introiti generati dai giochi finivano nelle casse degli operatori sotto forma di soldi spesi nel traffico dati. I Publisher erano ancora alla ricerca di un modello economico condiviso. Una vera e propria giungla dove a ciascun operatore/cliente corrispondeva un accordo negoziato ad hoc. Con Tim si poteva negoziare un corrispettivo fisso per ogni gioco fornito, con Wind si poteva ottenere una percentuale sul traffico dati che il gioco avrebbe generato, con Vodafone un corrispettivo annuale fisso. Questa moltitudine di formule economiche minava alla base i fondamenti di un buon business plan, impossibilitando i Publisher nell'elaborare strategie di medio periodo.

Nonostante queste criticità, l'industria tradizionale dei videogiochi colse l'enorme potenziale, in gran parte ancora inespresso e non furono rari i casi di manager fondatori di start up mobile gaming: l'americana Sorrent (ora GLU) nacque grazie a Scott Orr, ex designer di EA Sports, così come l'anno prima Jamdat (ora EA Mobile) fu il frutto dell'intuizione di tre executive provenienti da Activision.
A creare euforia intorno al fenomeno contribuì il primo best seller wap game. *Wireless Pets* fu concepito e sviluppato in Scozia, vera e propria fucina di talenti tra i quali lo sviluppatore The Games Kitchen ed il publishers, già citato, Digital Bridges. Questo simulatore di virtual pet divenne una killer application con quindici milioni di minuti spesi nel gioco presso ben diciotto operatori di tutta Europa raggiungendo un bacino di oltre 350.000 mila persone.
Nonostante le limitazioni dell'epoca, il gioco rappresentava il non plus ultra ottenibile. Il team scrisse a mano circa 15.000 linee di codice che permettevano al giocatore di interagire in sessanta modi diversi col cucciolo virtuale. Il genere fu scelto perché ritenuto adatto ad un pubblico di non giocatori. Si era già consapevoli dell'impossibilità di convertire al piccolo schermo la platea di videogiocatori abituati a godersi avventure 3D su PS2 dinanzi al grande schermo.

Wireless Pets
The Games Kitchen

Publisher: Digital Bridges

Team Size: 3

Estimated Budget: $40,000

Length of Development: 7 months (total for both versions)

Release Date: March 2001 (WAP), March 2002 (SMS)

Platforms: WAP, SMS

Development Hardware: Linux based PCs for coding, Windows PCs for design, art and management

Development Software: Corel Draw, jCVS, NetBeans, Nokia MobileInternet Toolkit, PaintShop Pro, PyWeb Deckit, UNITY,

Project Size: 17,000 lines of code, 40,000 words of in-game text and 290 graphics (total for both versions)

Figura 32 - Wireless Pets in cifre (fonte Gamasutra.com).

Gli animali domestici (sei selezionabili) rappresentano da sempre un aspetto della nostra vita quotidiana, sappiamo tutti come vanno accuditi dando loro cibo, lavandoli, portandoli a passeggio e così via. Inoltre vi erano stati i precedenti fortunati, sebbene su altra piattaforme, del Tamagotchi e dei Pokemon e la storia si sarebbe ripetuta negli anni successivi col clamoroso exploit di vendita di Nintendogs per Nintendo DS o il successo del genere pet caring su Facebook.

Se gli Original IP dominano l'inizio di ogni mercato, i brand provenienti da altri segmenti entertainment non tardano ad arrivare anche sul display del telefonino. A farne una ragione di vita, fu la start up finlandese RIOT-E, sospinta da circa 30 milioni di dollari ottenuti da

diversi investitori tra i quali Nokia e News Corporation di Rupert Murdoch.
In ventiquattro mesi furono instaurate partnership con New Line Cinema, Marvel, Sony Pictures, Universal e tante altre allo scopo di creare giochi wap ed sms basati su marchi mondiali legati al cinema ed ai fumetti. Fu una rivoluzione copernicana, fino ad allora i titoli attingevano al mondo quotidiano riproducendo semplici schemi come il gioco del tris, scopa, dama, scacchi senza particolari contaminazioni da altri mondi.
In netta controtendenza con il passato, RIOT-E rilasciò *The Lord of the Rings*, *Il Dario di Bridget Jones*, *Spiderman*, *X-Men*, fortemente sospinti da un'attesa ed un'enfasi creata ad arte mediante strategie di comunicazione e co-marketing con gli operatori. L'azienda rappresentava un unicum nel panorama dell'intrattenimento dell'epoca. In una sola estate furono assunti cento impiegati che godevano di ogni tipo di privilegio, come una sauna interna all'ufficio, una sala giochi ed un cinema per cinquanta persone.
A fronte di questa euforia collettiva, le performance dei primi *branded mobile games* non fu all'altezza delle attese. Ad eccezione di casi isolati, come *X-Men* che totalizzò 200.000 utenti paganti in Giappone. L'insuccesso non trovò spiegazioni convincenti da parte del management. Sicuramente un ruolo lo giocò la delusione degli appassionati dei suddetti brand nel rivederli offerti su terminali non all'altezza. Immaginatevi lo shock del trapasso dalla spettacolarità di Lord of the Rings nelle sale cinematografiche alla monocromia del gioco wap provato su schermi 60x60. A fronte di un gran battage pubblicitario, gli utenti rimasero scossi anche in considerazione dell'alto prezzo per accedere a questi contenuti *premium*. Oltre al costo degli sms e della connessione wap, vi era un obolo da versare al Publisher per usufruire del contenuto. Tanto spettacolare fu la nascita di Riot-E così come eclatante fu la sua fine. Un considerevole numero di fornitori, tra i quali TIM in Italia, rivendicavano cifre per milioni di euro e questo provocò la bancarotta della società che chiuse dopo due anni la sua eccentrica esperienza.

Il 2001 segnò anche l'avvento di una nuova forma di *mobile gaming* basata su piattaforma sms. Lo *short message service*, acronimo di sms, vide la luce nel 1992 e da allora ha conosciuto un successo senza precedenti tanto da spingere il 74% dei possessori di un telefonino a farne uso.

Questa enorme base di utenti non ha mancato di destare gli appetiti di aziende che lo vedevano come veicolo economico per servizi a valore aggiunto. Oltre a notizie, loghi e suonerie, gli sms divennero una vera e propria piattaforma di gaming, ovviamente nei limiti di solo testo entro i 160 caratteri (salvo possibilità di concatenare gli sms raddoppiando/triplicando il numero con questo stratagemma). In generale questi giochi si basavano sull'invio di un sms verso una numerazione breve contenente una stringa di comandi. Ad ogni messaggio inviato (MO – mobile originated) si ottiene la risposta del gioco (MT – mobile terminated) e così via fino alla conclusione dell'esperienza ludica.

I giochi meglio strutturati spingevano il giocatore ad inviare anche centinaia di messaggi con esborsi di decine di euro, incredibile a pensarsi per semplici giochi testuali.

Omnitel fu ancora una volta pioniera in Italia, lanciando nel Marzo 2001 un'area del proprio portale denominata "mPlay sms", il costo era di 200 lire per le ricaricabili e 234 lire per gli abbonamenti. Nella fase iniziale venivano offerti tre giochi:

SuperDino - versione sms del Tamagotchi ambientata nella preistoria.
Brain - versione sms del famoso gioco Trivial Pursuit.
West Poker - versione sms semplificata del poker ambientata nel vecchio West.

Questi tre esempi testimoniano le scelte che gli operatori effettuarono in gran parte d'Europa nell'individuare la line up iniziale. Un simulatore di cuccioli, una conversione non ufficiale di un famoso gioco da tavolo ed un gioco di carte hanno un minimo comune denominatore, essere adatti ad un pubblico estremamente mass market facendo leva sul concetto di "Mimetic Interface Games" in chiave software. La facilità dell'inviare un sms azzera le frizioni e barriere di ingresso al *gaming* e di conseguenza anche i prodotti devono dimostrarsi immediati e con una curva di apprendimento pressoché inesistente.

Il vero successo arrivò dalla contaminazione tra sms e televisione, giochi comandati via cellulare ma visualizzati presso canali TV. Un limite dei messaggini è la mancanza d'immagini e numerosi studi dimostrano come la visualizzazione di un proprio alter ego virtuale (avatar) aiuti il giocatore ad immedesimarsi nell'avventura. Questo limite trovava soluzione nel grande schermo domestico in cui prende forma un ibrido di successo.

Una delle case history più importanti giunge ancora una volta dalla Finlandia dove il gioco *WaterWar* consentiva a trenta giocatori di sfidarsi in multiplayer a colpi di pistola ad acqua. Le sessioni di gioco duravano otto minuti ed erano trasmesse da MTV3 e SubTV. Ogni qual volta si voleva ricaricare la pistola, era necessario inviare un sms premium al costo di 0.50 Euro. Lo schermo televisivo era suddiviso in tre aree: in alto la parte video ludica, in basso una chat sms interattiva, ed a destra le istruzioni di gioco. Cinque stringhe di comando che consentivano al personaggio su schermo, contraddistinto dal nickname prescelto dal giocatore, di muoversi nelle quattro direzioni e di sparare.
Questa esperienza costava 13 euro per otto minuti di gioco! Nessun'altra forma video ludica nella storia raggiungerà questi livelli di ARPU nell'unità temporale giornaliera.

Le televisioni di mezzo mondo stavano scoprendo nel gaming una nuova importante fonte di reddito e si lanciarono a capofitto nell'introduzione di servizi sms di ogni tipo. Ancora in Finlandia venne inaugurato un nuovo gameshow denominato Astronauts. Gli spettatori comandavano delle astronavi per fermare l'avanzata di meteoriti pronti a distruggere la Terra. Ovviamente essere eroe di un'avventura in diretta TV ha i suoi costi, ben ottanta centesimi a messaggio inviato per la gioia dell'emittente che in una singola sessione fagocitava introiti da sessanta persone contemporaneamente. Anche in Italia l'utilizzo della tecnologia telefonica in abbinamento a programmi TV ha conosciuto riscontri importanti coinvolgendo milioni di italiani e regalando centinaia di milioni di euro alle ditte coinvolte nell'offerta.

L'antesignano fu Solletico, format tv che andò in onda dal 1994 al 2000 su Rai1. Per la prima volta comparvero giochi telefonici (telefonia fissa) che permettevano un'interazione tra gli spettatori ed il programma condotto da Mauro Serio. Qui non era la molla economica a dettare la scaletta, ma semplicemente il desiderio di innovare dando vita a giochi anche molto complessi .

Pinguino Joe: un percorso tortuoso e pieno d'ostacoli, compreso l'orso polare Beo, che il pinguino, comandato dal giocatore al telefono, doveva superare nel minor tempo possibile, vincendo.

Colora il quadro: veniva proposto un quadro famoso, prima colorato, poi in bianco e nero. Il giocatore al telefono doveva ricordare i colori e scegliere quelli giusti (da una tavolozza visibile sullo schermo) nel minor tempo possibile, insieme a un concorrente in studio.

Joe Razz: proposto nell'edizione del 1995, era un videogioco a piattaforme. In una prospettiva quasi tridimensionale (nuova per l'epoca), il protagonista era un bambino biondo col giubbotto viola, che, perso in un mondo fantastico e popolato da dinosauri doveva affrontare, comandato dal giocatore al telefono, un percorso insidioso, sempre strutturato in tre livelli e ogni volta diverso fino alla via d'uscita. In seguito vi saranno altri scenari.

Stellaris: proposto nell'edizione del 1996, era una vera e propria storia interattiva, le cui scene erano mostrate come cartoni animati. I protagonisti erano due ragazzi, Max e Silvia accompagnati dal robot-maggiordomo Greta, i quali, ora sulla terra, e ora in un mondo marino, si imbattevano in vari personaggi, ciascuno dei quali proponeva al giocatore una particolare sfida, soprattutto giochi di memoria. In particolare nel mondo marino è ricordata la Murena, custode della Barriera Corallina con la sua frase romanesca *No volemo ficcanasi alla Barriera Corallina...*, il ragioniere Ippocampo, Garcia l'Orca, che era un'orca-poeta, il dottor Dentice, il nemico Frida Friday. Il concorrente al telefono aveva un certo tempo a disposizione per andare avanti nella storia. In seguito la Sacis rilascerà le versioni per PC di questi giochi.

4x1-4: veniva proposta una foto costituita da quattro immagini di altrettanti animali. Il giocatore al telefono doveva riconoscerli per ottenere l'ambito premio.

Tutti frutti: quattro concorrenti dovevano guidare altrettanti animali (un orsetto, un coniglietto, una scimmia e un alieno) alla ricerca di quattro frutti, con l'aiuto della tastiera telefonica.

Solletic...Errore: all'interno della rubrica Io e la mia città, bisognava individuare l'errore contenuto nella "Video Cartolina".

Soap-Papera: soap opera interpretata da Mauro Serio, le *Solletichine*, e da Fernando Lopez (che racconta storie di vita quotidiana), con errori da far indovinare ai ragazzi a casa.

Negli anni a venire, i giochi sms hanno indossato quasi esclusivamente i panni del genere quiz puntando prevalentemente al portafoglio degli utenti senza troppi fronzoli. Dal Lunedì al Venerdì alle 13.15 su Italia1 va in onda MotoGp Quiz, un programma di quindici minuti che funge da volano per l'omonimo gioco sms. Al costo di 2 euro si riceve sul telefonino un quiz a risposta multipla, incentrato sul mondo Moto, a cui rispondere indicando A, B o C. Tra tutti coloro che avranno indovinato la risposta, si sorteggiano i fortunati vincitori di ambiti premi come auto e moto. Giornalmente il format è visto da oltre sette milioni di italiani.

I giochi via wap ed sms ebbero l'indiscusso merito di gettare le basi di quella che sarebbe divenuta, a partire dal 2002, l'industria del *mobile gaming* come oggi la conosciamo. Come spesso accade per le piattaforme pioniere, numerosi limiti tecnologici, infrastrutturali e di mercato impedirono il decollo dei giochi in formato wap e sms. Numerose aziende nate in questa bolla cessarono di esistere tra il 2001/2002 per una serie di concause che si possono riassumere in tre punti:

Barriere Economiche: I wap game non trovarono mai una standardizzazione dei modelli di business. I Publisher si trovarono negoziare nazione per nazione, ed addirittura operatore per operatore, le condizioni economiche. Questo fu un micidiale handicap per quelle aziende con vocazione internazionale.

Barriere Tecnologiche: Il wap dell'epoca minava l'esperienza ludica. Una singola pagina poteva richiedere fino ad un minuto di caricamento e di conseguenza un elevato costo per l'utente che, all'epoca, non poteva beneficiare di alcuna offerta "flat". Per fare un raffronto immediatamente comprensibile, i cellulari viaggiavano ad una velocità inferiore ai primi modem a 14kbps! Lo stesso valeva anche per i giochi sms, le piattaforme degli operatori non erano performanti e capitava sovente di ricevere un sms MT decine di minuti dopo il nostro imput rendendo frustrante l'esperienza.

Barriere Video ludiche: La Playstation 2 era arrivata sul mercato con un successo strepitoso che la porterà ad essere la console casalinga più venduta di tutti i tempi. L'esperienza ludica diventava sempre più graficamente accattivante e complessa ed il gap tra mobile e console sembrava destinato ad allargarsi sempre più. Gli sms, come abbiamo visto, erano totalmente privi del lato grafico e per di più avevano forti limitazioni nel numero di caratteri. Il Wap limitava il giocatore alla visualizzazione di immagini statiche e rendeva impossibile esperienze quali il gioco multiplayer in tempo reale.

Giochi Scaricabili

Nel Giugno del 2000, nel corso della JavaOne Conference di San Francisco, Motorola scosse il mercato dell'entertainment telefonico annunciando un'importante partnership con Sega of Japan. Lo standard wap sembrò di colpo obsoleto, Sonic girava su un terminale i3000 in movimento colmando il gap tra l'industria console e quella mobile. Java 2 Micro Edition (J2ME) era la nuova tecnologia, sviluppata da Sun, che da lì ad un paio di anni avrebbe consentito la nascita del mobile gaming come oggi lo intendiamo. Per la prima volta diventava possibile la creazione di giochi in movimento in grado di replicare i fratelli maggiori del mondo console. Era possibile scaricarli, memorizzarli all'interno del dispositivo e cancellarli a piacimento senza la necessità di essere agganciati alla costosa rete Wap.

Questa "next big thing" apportava vantaggi a tutti gli attori della filiera mobile content:

Utente Finale: Per la prima volta era possibile giocare in modalità "offline", senza una connessione dati attiva. Questo aveva forti risvolti sia in termini di risparmi economici sia di giocabilità, consentendo sessioni di gioco a prescindere dalla copertura di rete.

Operatori Mobili: Vennero create delle aree giochi nei portali wap, dove era possibile scaricare le applicazioni previo pagamento. Questo significava aggiungere una fonte di guadagno ulteriore oltre a quella del traffico dati fino ad allora imperante nei wap game. Agli utenti veniva richiesto un doppio pagamento, il costo singolo del prodotto e il traffico dati necessario per scaricare i 30kb tipici di un gioco dell'epoca (dal 2006 in poi gli operatori settarono a zero la navigazione on portal – in Giappone iMode aveva ancora la navigazione a pagamento poiché i siti erano quelli degli editori).

Sviluppatori: Un business model standardizzato a livello europeo consentiva di pianificare una strategia globale. Inoltre la piattaforma java consentiva performance tecnologiche prima impensabili, nacquero prodotti complessi molto vicini, almeno per concezione e modalità, ai fratelli maggiori su console.

Manifatture: Aziende come Motorola e Nokia intuirono l'importanza di questo trend e furono le prime ad abbracciare in maniera massiva la nuova tecnologia. Notevoli furono i vantaggi nelle vendite per quei produttori che inserirono la tecnologia J2ME nei propri terminali.

Tutti gli attori remarono nella stessa direzione e si assistette ad uno dei periodi più dinamici della storia mobile con una diversificazione dell'offerta sia in termini di standard tecnologici (J2ME, Mophun, Exen e Brew in Usa) che di piattaforme di digital delivery di cui si dotarono gli operatori.

Il secondo caso a far storia è *Martin Mystere,* sviluppato dall'italiana Trecision e pubblicato in esclusiva da Wind il 21 novembre 2002. Innanzitutto una partnership tutta italiana tra lo sviluppatore con sede a Rapallo, il "Publisher" Wind e Sergio Bonelli Editore, proprietario del brand.

I due esempi citati non devono trarre in inganno, già dal 2002 si affermò una prassi che sarebbe ben presto diventata comunemente accettata. Lo sviluppatore tratteneva la fetta più grande del prezzo al pubblico, mentre l'operatore si accontentava di un 20-30% (proporzione che negli anni fu ribaltata) oltre al traffico dati generato dall'utente per effettuare il download.
Vodafone intuì da subito l'attrazione che il gioco poteva esercitare sul segmento "giovane" per spingerne la fidelizzazione ed aumentarne l'*ARPU*. Nei documenti interni a Vodafone dell'epoca era riscontrabile l'importanza primaria che il gioco avrebbe rivestito tra i servizi di *Mobile Fun & Entertainment*. Il gioco come chiave di accesso al pubblico prima ancora di musica, immagini e video.
L'Italia fu ancora una volta un paese pilota nel panorama mobile gaming europeo. Nel Marzo 2002 si dota di un primo servizio di giochi scaricabili grazie alla partnership Vodafone/In-Fusio e per tutto l'anno sarà un susseguirsi di nuovi servizi e lanci che contageranno anche i due competitor dell'epoca. Una vera e propria corsa contro il tempo tra i giganti Wind, Vodafone e Tim che si diedero battaglia in TV con martellanti campagne pubblicitarie a sfondo gaming.

L'eccitazione raggiunse livelli così alti da spingere Wind e Vodafone a diventare Publisher video ludici. Vodafone commissionò a Sumea, emergente sviluppatore finlandese, la realizzazione di un gioco ufficiale a firma Ferrari. Dopo diversi mesi di duro lavoro, fu commercializzato il pioneristico, *Ferrari Racing*, gioco di corse a colori in grado di stabilire nuovi standard qualitativi per l'epoca a fronte di un prezzo al pubblico di 1,5 euro.

Un ulteriore contributo alla massificazione arrivò nell'Estate 2002 quando, sempre su Vodafone, venne lanciata la prima area giochi java italiana e tra le prime in Europa. Questa rivoluzione fu possibile grazie ai modelli Nokia 3410 e 6310, primi cellulari Java della casa finlandese a puntare forte sull'aspetto video ludico tanto che nei comunicati stampa si dà grande enfasi alla possibilità di scaricare nuovi giochi senza limitarsi ai cinque preinstallati (Snake II, Bumper, Space Impact, Bantumi e Link5). Per i primi quattro mesi, Vodafone prezzò a zero i titoli con lo scopo di incentivarne l'esplorazione e lo scaricamento.

Tra il 2002 ed il 2005 si consumò una vera e propria guerra interna all'industria per l'affermazione dello standard in Europa. Ai nastri di partenza si presentarono tre consorzi, contribuendo ad un'iniziale frammentazione del mercato:

J2ME: E' un runtime e collezione di API che consente di far girare applicazioni sui terminali abilitati. Il profilo iniziale comune era denominato MIDP (Mobile Information Device Profile) 1.0 da cui deriva il nome di "Midlet" assegnato alle app scaricate. Bisognerà attendere il 2005 per vedere performance gaming dedicate grazie all'introduzione del profilo MIDP 2.0. Sebbene non performante inizialmente come i competitor, J2ME s'impose ben presto come tecnologia leader grazie al supporto di aziende come Nokia e Motorola che lo portarono in milioni di devices.

ExEn: L'Execution Engine della francese In-Fusio fu il primo standard di mobile game scaricabili in Europa bruciando sul tempo la concorrenza. La sua peculiarità risiedeva nell'essere un software disegnato appositamente per il mercato gaming e non per applicazioni in generale. Nel Novembre 2002, vi erano diciotto modelli di cellulari che implementavano questa tecnologia con un bacino di circa un milione di utenti (5 per J2ME). Purtroppo il blasone delle manifatture a bordo era di scarso prestigio, Sagem, Philips e Sharp furono accesi sostenitori di Exen ma era una guerra persa in partenza contro i restanti colossi. A livello tecnologico questo engine permetteva l'algoritmo raycasting, rotazioni, scorrimento di parallasse ed altre amenità in grado di rendere l'esperienza ludica molto più accattivante. Interessante l'approccio economico di In-Fusio verso gli sviluppatori con un doppio binario gratuito ed a pagamento. Le aziende potevano sviluppare gratuitamente i loro giochi oppure acquistare una licenza che garantiva loro marketing e visibilità presso le aree gioco degli operatori.

Mophun: Nel Novembre 2002 la svedese Synergenix lanciò lo standard Mophun descritto come "software based videogame console". L'engine venne supportato quasi esclusiva mente da Sony Ericsson e questa esiguità di terminali contribuì alla sua prematura morte. Tecnicamente parlando non aveva rivali, di gran lunga più performante rispetto alla concorrenza permetteva la realizzazione di giochi complessi senza pesare troppo a livello di spazio necessario per la memorizzazione. La tecnologia non arrivò mai in Italia e venne sostanzialmente utilizzata per giochi "embedded" rivelandosi anche molto sicura per combattere la pirateria imperante.

Centinaia di migliaia di download al mese nella sola Italia, è un successo senza precedenti. Un'intera nuova generazione di persone, estranee ai videogiochi, che si avvicinano ad essi attraverso strumenti nati con altre finalità. Non a caso il 2003 si apre con questa ventata di ottimismo dove statistiche di vendita e prospettive future si mischiano dando vita ad una vera e propria corsa all'oro. Nascono a ritmo serrato start up e numerose aziende riconvertono il proprio business focalizzandosi sul crescente mercato mobile gaming.

A corroborare quest'ottimismo ci pensa anche l'operatore telefonico leader in Italia, Tim lancia nel 2003 uno spot televisivo di quaranta secondi dedicato a *Fifa Football 2003 Mobile*, pubblicato da Digital Bridges sotto licenza Electronic Arts. A rendere particolare questa pubblicità è il testimonial d'eccezione, Omar Gabriel Battistuta all'epoca all'apice della sua carriera. Sebbene non esistano dati ufficiali, fonti interne al Publisher confermarono che la simulazione calcistica fu il primo java bestseller in Italia generando migliaia di scaricamenti a pagamento ogni giorno!
Dopo esordi puramente casual, i giochi in mobilità iniziavano a strizzare l'occhio a dinamiche più propriamente console in cui brandocrazia e marketing l'avrebbero fatta da padroni.
Ogni evoluzione storica è costellata anche da pesanti insuccessi che a volte minano alla base il prosieguo, altre aiutano a definire meglio il perimetro in cui continuare a muoversi. Nonostante il trend positivo, i giochi rappresentavano ancora un mero orpello rispetto alle funzioni primarie del telefonino, si comprava ancora per telefonare e marginalmente si sperimentavano forme evolute d'interazione. Nokia, già leader di mercato in Europa, decise di ribaltare lo status quo col lancio dell'N-Gage. Non più un telefono con funzioni da gioco, ma una console con funzioni telefoniche. L'obiettivo non dichiarato era aggredire la nicchia di mercato dominata dal GameBoy offrendo due funzioni al prezzo di una.

Il 7 ottobre 2003 fu il giorno di lancio per il più grande flop di immagine, prima ancora che commerciale, di Nokia. Al prezzo di 330 euro (GameBoy SP costava 130) l'*hardcore mobile gamer* poteva portarsi a casa un telefonino rivoluzionario che, per la prima volta, rendeva disponibili i giochi su cartuccia invece che via download digitale, il tutto accompagnato da un design ed un'ergonometria appositamente studiata per esaltare l'esperienza video ludica. In tutto e per tutto una console, le cartucce venivano vendute separatamente ad un prezzo oscillante tra i 39 ed i 49 euro (4 euro la media dei prezzi dei java game all'epoca) ed andavano successivamente inserite in un apposito slot interno. La linea iniziale presentava prodotti altisonanti frutto di partnership con i principali Publisher video ludici da Electronic Arts a THQ: *Tomb Raider, Tony Hawk's Pro Skater, Super Monkey Ball, Pandemonium, Puzzle Bobble VS, SonicN, PuyoPop.*

L'idea di Sunny Agarwall era concettualmente valida, abbinare due dei trend più esplosivi dell'epoca in un unico concept traghettando verso Nokia, forte del suo 40% di market share, i circa 100 milioni di giocatori "handlend" . Oltre ad una avanzata esperienza ludica in 3D, tecnologicamente superiore alla controparte Nintendo, la grande N contava di offrire una esperienza di gioco "connected" ai suoi utenti fatta di servizi online e sfide multiplayer basate sull'engine "Arena". Questo era il vantaggio della telefonia mobile, consentire a persone sparse per il mondo di interagire tra loro, esperienza preclusa ai possessori di Sony Psp e Nintendo GameBoy.Infine, concludendo la disamina dei tre fattori innovativi, va riconosciuto lo sforzo di Nokia nell'introdurre le MMC card come veicolo di distribuzione dei giochi.
Purtroppo a fronte di alcuni elementi positivi citati, una serie di fattori minò le vendite dell'hardware tanto da creare i presupposti per un rapporto di 100 GameBoy venduti per ogni N-Gage. Nel giro di pochi mesi hardware e software subirono progressivi deprezzamenti, i negozianti volevano smaltire le scorte quanto prima.

Le analisi convergono verso i seguenti problemi:

- Sia come telefono sia come console, N-Gage si rivelò scomodissima nell'utilizzo. Basti pensare che per inserire le cartucce era necessario smontare lo sportellino posteriore e rimuovere la batteria. Addirittura esilarante, invece, fu l'impugnatura per telefonare tanto da venir ribattezzato telefono "tacos".

- I prezzi erano non competitivi, specie se paragonati al "concorrente" GameBoy.

- Pochissimi giochi disponibili.

- Errore di posizionamento nei punti vendita. I giochi non erano reperibili nell'omonima zona, ma nascosti sotto il bancone telefonia. Questa strana strategia impedì ai giocatori di entrare in contatto col nuovo mezzo video ludico.

- I costi di connessione al servizio online N-Gage Arena erano quelli, elevati, stabiliti dagli operatori telefonici. Non fu studiata nessuna flat in bundle con l'apparecchio e questo scoraggiò l'utilizzo di questa caratteristica che doveva rappresentare il vero valore aggiunto rispetto alle console portatili.

Nonostante il clamoroso flop, per nulla mitigato dal rilascio nel 2004 del riveduto N-Gage QD, Nokia fortunatamente continuò ad investire in ambito *gaming* sebbene non con la stessa fortuna dei suoi futuri concorrenti, Apple in primis.

One Touch Games

Gran parte di questo capitolo si è focalizzato sul racconto della cavalcata tecnologica che la telefonia mobile intraprese nel 1997 contribuendo alla formazione di una nuova fetta di videogiocatori. Passarono diversi anni prima che il settore intraprendesse delle vie del tutto originali ed uniche nel disegno dei suoi videogiochi, emancipandosi dalle esperienze dei cugini maggiori (mondo console/PC) o della quotidianità (carte, tamagotchi) per focalizzarsi interamente sulle esigenze del proprio pubblico.
Da fine 2003, anche grazie alla massiccia campagna marketing N-Gage, si assistette ad un'evoluzione dei criteri di game design, da titoli concettualmente semplici a complessi come lo strategico militare *Pathway to Glory, record di vendite* sulla console Nokia. A contrapporsi a questo dominio "console style" ci pensò una nuova corrente di pensiero riassumibile con lo slogan "*Snack Games*".
Snack indica un'esperienza, normalmente di tipo alimentare, che nasce e muore in un breve lasso di tempo. Si è soliti consumare uno "snack" durante una pausa di pochi minuti quando si è impossibilitati ad

accedere ad un pranzo completo, e la vita frenetica dei nostri giorni impone frequenti e veloci break. Durante gli spostamenti in autobus e treno, mentre si è in riunione o di fronte ad una televisione, diveniva finalmente possibile giocare in maniera esaustiva senza la necessità di impugnare il terminale con due mani focalizzandosi interamente sul display.

Il concetto di *"snack game"* si rendeva possibile attraverso un nuovo modo di concepire e realizzare i giochi. Nacque così la famiglia*"one touch"*, ovvero titoli basati sulla pressione di un unico tasto. Questa rivoluzione favoriva l'approccio di donne ed in generale persone estranee alle dinamiche dei videogiochi tradizionali, spesso spaventate dalla miriade di tasti che bisognava pigiare per condurre un'azione. Una serie di giochi che avevano ragion d'essere solo sulla specifica piattaforma, era inconcepibile una loro presenza online o su supporti fisici. Come spesso accade per le innovazioni in ambito digitale, la Corea fu inizialmente la patria di questa rivoluzione. Lo sviluppatore Gamevil estrasse dal cilindro *Skipping Stones*, un casual one touch game che trovò distribuzione in Occidente grazie ad I-Play.

In *Skipping Stones* bisogna lanciare un sasso in un lago cercando di farlo rimbalzare il più in là possibile. Apposite barre poste a lato del display indicano il momento esatto in cui pigiare l'unico tasto su cui fa leva il prodotto. Niente di più facile e divertente, il gioco vendette oltre un milione di copie dal 2005 dando il via ad un filone creativo ancora oggi utilizzato in numerosi top seller su iPhone.

"Games that your grandmother can play"

Questo slogan si sposa bene con *Johnny Crash*, realizzato da Sumea/Digital Chocolate. Anche qui un concept facilmente comprensibile e di spessore, materializzato in una struttura di comando ad un tasto. Il protagonista Johnny si lascia sparare da un cannone con lo scopo di atterrare il più lontano possibile. A complicare il tragitto ci penseranno temporali, stormi di uccelli, paracadutisti ed altri elementi di disturbo.

La storia dei giochi casual non potrebbe chiudersi senza menzionare *Tetris*. L'incastra mattoncini è l'esempio vivente di come un concept possa essere universale e trasversale continuando a mietere copie vendute dopo oltre venticinque anni dalla sua creazione ed all'interno di un panorama tecnologico totalmente mutato. L'invenzione dell'ingegnere russo Alexey Pajitnov, dopo aver spopolato su piattaforma PC nella sua fase iniziale, arrivò in mobilità per la prima volta grazie al GameBoy nel 1989. Nintendo decise di puntare forte sul prodotto tanto da includerlo in bundle. Il successo fu grande, oltre trentacinque milioni di persone iniziarono a cimentarsi nella realizzazione di linee orizzontali incastrando i differenti tetramini! Il passo dalla console portatile al cellulare si materializzò dieci anni dopo con il debutto sui cellulari nipponici e nel 2001 in Usa. Figura chiave fu Hank Rogers, amico personale di Pajitnov e fondatore nel 2002 del publisher Blue Lava Wireless con sede alle Haway. Un accordo blindato dalla durata di quindici anni affidava alla neonata società tutti i diritti di sfruttamento di Tetris in ambito mobile. I primi risultati di vendita in USA furono esaltanti tanto da spingere il colosso Jamdat ad acquisire Blue Lava per oltre 160 milioni di dollari. Siamo nel 2005 e quella cifra servì sostanzialmente per mettere le mani sul brand, nient'altro! Come in una partita di domino, arrivò infine Electronic Arts che con un esborso di circa 750 milioni di dollari fagocitò Jamdat per entrare pesantemente nel crescente mercato mobile gaming.
Nel corso dell'ultimo quinquennio sono state rilasciate numerose versioni del puzzle game tutte balzate ai primi posti nelle classifiche di oltre sessanta nazioni contribuendo a raggiungere l'incredibile risultato di cento milioni di download a pagamento ad inizio 2010.

Figura 33 - Pajitnov, inventore di Tetris.

Nonostante la frequente mancanza di un brand famoso alle spalle, questi "semplici" giochi seppero conquistarsi uno spazio importante nell'offerta degli operatori e soprattutto vincere decine di premi della critica. Il loro cuore era totalmente rivolto al mass market, le barriere d'ingresso erano abbattute a favore di un'esperienza in grado di accomunare uomini e donne, giocatori e non. Il passaparola divenne un ottimo strumento di promozione, si innescarono dinamiche di sfida tra amici nell'ottenere i migliori punteggi, magari da uploadare online.
Oltre metà del fatturato dell'industria mobile gaming nel biennio 2005/2006 venne generato dai giochi casual dimostrando come l'influenza hardcore potesse essere marginalizzata. Un contributo importante arrivò dal mercato dei web game su PC che in quegli anni conobbe un'importante fioritura grazie al contributo di titoli ormai storici come: *Bejeweled*, *Jewel Quest*, *Zuma*, *Luxor* e *Diner Dash*. Queste nuove frontiere del game design online sbarcarono presto sui

telefonini dimostrando i numerosi punti di contatto tra i rispettivi bacini di utenza.

Se il porting di giochi console non era certo agevole su cellulare, adattare un casual game web lo era. Un sistema di controllo intuitivo ed una grafica di solito minimalista accomunavano il giocatore mobile e quello web, palesando al contempo la lontananza tra le rispettive fasce di pubblico.

Una ricerca dell'epoca, condotta dal publisher I-Play, dichiarava che il 38% degli online casual player già giocava su cellulare ed il 45% avrebbe impugnato volentieri un telefonino per proseguire l'esperienza col videogioco preferito. Questi dati, e numerosi altri, spinsero aziende come Real Arcade e PopCap ad entrare nel mercato mobile apportando un forte *know how* ed una community significativa.

Distribuzione alternativa

L'affermarsi del fenomeno spinse numerose aziende ad interrogarsi su come poterne entrare a far parte.

OPERATORE TELEFONICO → AGGREGATORE → PUBLISHER → SVILUPPATORE

Questa gerarchizzazione lasciava fuori dal ciclo economico numerosi soggetti, impossibilitati ad entrare nel crescente business del download di giochi su telefonino. Fu così che nacquero alcuni interessanti esperimenti, tutti accomunati dalla volontà di superare il collo d'imbuto rappresentato dagli operatori. Tra le strade percorse, è bene citarne almeno quattro, a loro modo interessanti perché contribuirono in qualche misura al raggiungimento di nuovi utenti:

Embedded Games: Agli albori dell'industria si è parlato di titoli completi, come Snake, precaricati nel terminale così da offrire agli utenti un'opportunità in più di svago, il tutto senza una diretta finalità economica se non quella di creare "engagement" verso l'hardware. Negli anni questa strategia è stata progressivamente ottimizzata fino a farne un business significativo. All'interno dei telefonini "sim free", quelli non brandizzati dall'operatore, vengono precaricati alcuni giochi di grido cui l'utente può accedere gratuitamente provandone una demo limitata. Ad esempio è possibile giocare solo il primo livello o effettuare sessioni dalla durata di cinque minuti. Questo processo semplifica ed amplifica l'esperienza di *discovery* permettendo all'acquirente di un nuovo terminale di entrare in contatto col mondo *gaming*. E' ormai acclarato, da numerosi studi, che i nuovi possessori di qualsiasi hardware siano nettamente più propensi alla sperimentazione ed alla personalizzazione rispetto ai clienti di vecchia data.

Queste piattaforme di *try 'n buy* consentono successivamente al giocatore di passare alla versione completa del prodotto inviando un sms cui segue un codice alfanumerico da inserire nel menù dell'applicativo per la conversione da demo a *full*. Le esperienze maturate da aziende terze parti come M-Biz Global parlano di un tasso di conversione tra il 40% ed il 50%, ogni 10 utenti ve ne sono circa 4/5 che optano per lo sblocco previo pagamento.

Il Sony Ericsson F305, terminale rilasciato a fine 2008 per un target di videogiocatori, includeva ben undici titoli *embedded* scelti direttamente dal colosso finlandese: *Bowling, Bass Fishing, Jockey, The Sims 2, Johnny Crash Stuntman Does Texas, Racing Fever GT, Asteroids, Tropical Madness, Lumines, Quadrapop Robotics e Jewel Quest 2*.

Entrambe le esperienze riportate testimoniano l'importanza che le demo rivestono nel settore mobile, alla stregua di quanto già accaduto nel mercato dei giochi PC e prima ancora nella vita quotidiana. Basta entrare in una profumeria o sfogliare alcune riviste a target "femminile" per essere sommersi di campioni gratuiti, "sample" che hanno il solo scopo di offrirci un primo e facile contatto col prodotto finale. E' difficile superare la barriera di diffidenza iniziale verso qualcosa che non si conosce, si è restii ad acquistare a prezzo pieno un prodotto che potrebbe deluderci ed ancor prima si è privi degli stimoli necessari per recarsi al punto vendita. I sample si inseriscono in questo quadro di abitudini, porgendo gratuitamente ed in mano una prova!

Giochi Pacchettizzati: Rendere fisico un prodotto digitale è la premessa di un sistema di commercializzazione che sin dal 2003 ha cercato, senza successo, di affermarsi. E' effettivamente un non senso creare una packing attorno ad un bene che per sua natura non ne necessita. I primi esperimenti si devono alla partnership tra il publisher Digital Bridges ed il distributore italiano Leader, i giochi java veniva inscatolati e commercializzati alla stregua di un prodotto console. Nel 2007 l'idea è stata ripresa dall'italiana NetAddiction s.r.l. che lanciò decine di giochi java sotto il brand Wirelessgaming.it. All'interno della confezione, costo cinque euro, si trovava una card contenente un codice segreto da inviare via sms. Di risposta si otteneva un *wap push* per avviare il download del gioco acquistato. Il proposito era ovviamente quello di assimilare il gioco java a qualsiasi altro prodotto video ludico imitandone il modello economico e distributivo, questa somiglianza riuscì a catturare utenti intrigati da cover di giochi blasonati come Pro Evolution Soccer e Metal Gear. Numerose lacune, soprattutto concettuali, impedirono a queste iniziative di aver successo: difficoltà nel far partite il download, mancanza di credito sufficiente per affrontare il traffico dati e scarsa qualità dei giochi se paragonati alla controparte console.

SD Card: L'evoluzione dei servizi telefoninici ha favorito il proliferare dell'industria "storage, memory card accessorie su cui riversare foto, video ed applicazioni che altrimenti troverebbero spazio limitato. Numerosi produttori hanno intuito il connubio tra giochi e schede di archiviazione dati SD (Secure Digital) lanciando bundle in partnership con software house come Gameloft ed Electronic Arts Mobile.
Al solito prezzo, gli acquirenti di una SD card prodotta da PNY ricevono gratuitamente un gioco java a scelta tra un ampio catalogo.

Basta inserire la card nel telefonino ed avere una connessione wap abilitata, si seleziona il prodotto e si inserisce un codice stampato nel packing per scaricarlo gratuitamente. Al momento l'offerta prevede scheda 2G (10.90 euro), 4GB (12.90) e 8GB (19.90). Questo tipo di partnership porta benefici ai tre attori coinvolti nel processo. L'utente finale si ritrova allo stesso prezzo una opzione aggiuntiva, il Publisher entra in un nuovo canale distributivo e si vede riconoscere un *fee* per ogni download, l'azienda produttrice delle card si differenzia rispetto ai competitor.

AD Funded: Nel 2007 nacquero start up basate sull'idea di veicolare i giochi java gratuitamente al pubblico basando le proprie revenue su inserzioni pubblicitarie, pagate da terze parti e collocate all'interno delle schermate di gioco. Greystripe e 123Play sono i nomi di alcune delle aziende coinvolte in questa idea innovativa che si basava su presupposti convincenti. Offrire un prodotto gratuitamente permette di raggiungere velocemente il mass market superando le diffidenze degli utenti e le frizioni dovute alla mancanza di credito nel telefono. In fondo è questo il sistema su cui si regge l'intero web, contenuti editoriali totalmente gratuiti, salvo rarissime eccezioni, che sono sovvenzionati dall'advertising. A fronte del prodotto installato nei telefonini, inserzionisti come Burger King investivano budget per avere banner interattivi solitamente ubicati nella schermata iniziale ed alla fine di ogni livello.
Portali come Gamejump.com raggiunsero volumi di download nell'ordine di milionial mese grazie ad accordi con numerosi produttori medio-piccoli. Più difficile portare in catalogo i titoli AAA per ragioni di licensing e contrattuali. Anche gli operatori fecero ostracismo, temendo che l'avvento di un'era "Free" andasse a cannibalizzare i fatturati già esistenti all'interno delle aree giochi. Nonostante i primi positivi risultati, la mancata condivisione del modello da parte dei grandi Publisher e l'arrivo della crisi economica mondiale fecero naufragare questo progetto che solo successivamente sarà ripreso con l'avvento degli Application Store.

L'ERA DEGLI SMARTPHONE GAME

Ecosistemi Aperti

Il 29 giugno 2008 ha segnato una profonda cesura temporale, il passaggio dall'epoca del mobile game alla nuova era dello smartphone game. Artefice di questa rivoluzione copernicana è stata Apple col lancio di uno store digitale proprietario; App Store.

Accedendo al catalogo è possibile contare oltre 60.000 giochi in catalogo, cosa ha reso possibile questo miracolo in poco più di due anni di vita? Ed ancora, cosa ha spinto i possessori di iPhone, iPod Touch ed iPad a scaricare oltre 1,5 miliardi di giochi ed applicazioni entertainment?

La risposta più logica ed immediata tenderebbe a spiegare il fenomeno in chiave di numero di unità vendute. Circa 120 milioni sono all'Estate 2010 i device equipaggiati con iOS, il sistema operativo Apple: 59.6 milioni iPhone a Giugno 2010, 3.2 milioni iPad e, per differenza, 45.2 milioni gli iPod Touch. Del tridente sopra evocato, l'iPod Touch rappresenta la "console portatile" della famiglia, per diretta ammissione di Steve Jobs. Anzi si è spinto oltre dichiarandola la console portatile più venduta al mondo. Sicuramente una forzatura come dato assoluto, ma trova una sua ragion d'essere nei dati del secondo trimestre 2010 che vedono Nintendo DS e Sony PSP piazzare 4.35 milioni unità in totale mentre il Touch, secondo l'analista Gene Munster, dovrebbe aver venduto 6.8 milioni unità.

Questi numeri impressionanti, destinati ad aumentare col lancio nel 2011 di iPad 2 ed iPhone 5, non bastano a spiegare l'incredibile propensione al gioco in mobilità, ora accentuata dai terminali touch di Cupertino. La nascita di questa "*App Economy*" trae originale dal concetto di *Ecosistema Aperto* che Apple ha colto in pieno dando il via ad un cambio totale di approccio al mercato.

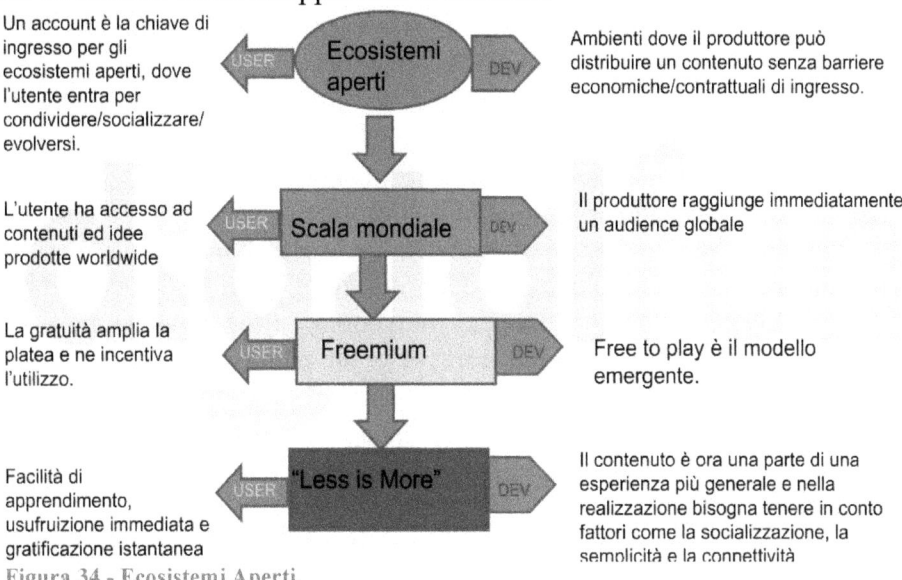

Figura 34 - Ecosistemi Aperti.

In una lezione tenuta presso l'Università IULM di Milano nell'ambito del master in Digital Entertainment il 4 febbraio 2010 mi addentrai per la prima volta sul tema elaborando l'immagine 45. Fermo restando il doppio approccio innovativo lato sviluppatore e consumatore, tre elementi vanno scanditi con chiarezza:

Scala Mondiale*:* Rendere immediatamente distribuibile un prodotto su scala mondiale è sempre stata l'utopia del commercio. Nei secoli le imprese si sono dovute confrontare con le difficoltà, i costi ed i problemi logistici legati al rendere reperibile un manufatto presso gli scaffali sparsi per il mondo. Con la digitalizzazione dei contenuti il problema si è attutito ma non superato. Prendiamo ad esempio l'industria dei giochi java e il processo d'internazionalizzazione di un nuovo titolo. Per far sì che esso fosse scaricabile presso gli operatori mondiali, l'azienda produttrice creava delle sedi locali. Una volta stabilitasi in Italia, per esempio, doveva iniziare a negoziare singoli contratti di distribuzione con i quattro operatori. Quest'operazione portava via mesi di duro lavoro, coinvolgimento di uno staff legale, incontri su incontro per giungere all'agognato *agreement*. Solo a questo punto il gioco, dopo aver superato ulteriori controlli di qualità, porting, certificazioni, entrava in commercio. Un'identica trafila da replicare su decine di nazioni e centinaia di operatori, il risultato è, di fatto, l'impossibilità per aziende piccole e medie di creare una rete distributiva capillare su scala mondiale.

Da qui la rivoluzione apportata da piattaforme come il tanto citato App Store ma anche Android Market di Google o Blackberry App World di Rim, in grado di dare al creatore del prodotto un'immediata accessibilità ad un'audience globale. Decine di nazioni (circa novanta nell'App Store) gestibili comodamente attraverso un pannello di controllo col quale configurare il paese dove rendere live il prodotto, inclusi mercati "minori" come Bulgaria, Armenia e Madagascar. Le manifatture fisiche e spesso anche quelle digitali, hanno storicamente evitato numerosi mercati mondiali in nome del profitto. Vendere mille forchette in Bulgaria non giustificherebbe l'apertura di una società in loco, accordi commerciali, personale, servizio di assistenza clienti e di conseguenza numerosi prodotti non trovano commercializzazione diretta in quelle nazioni ritenute scarsamente remunerative. Il discorso è condivisibile, ma rappresenta un paradigma pre Ecosistemi Aperti. Ora è possibile vendere poco ma dappertutto in assenza di costi di gestione su scala locale. Questa è la rivoluzione digitale!

Un altro valore aggiunto arriva dall'immediata accessibilità di Paesi solitamente molto chiusi e difficilmente penetrabili da operatori occidentali: Cina, Giappone e Corea su tutte. Barriere burocratiche e culturali hanno spesso impedito a produzioni alloctone di riversarsi nel popoloso (Cina) ed alto spendente (Giappone) mercato del sud est asiatico. Entrando un po' più nello specifico la Camera di Commercio dell'Unione Europea in Cina ha recentemente pubblicato un voluminoso rapporto sulle condizioni di business nel Paese ed emergono chiaramente alcune difficoltà:

" Vi è una complessa regolamentazione cinese: normative inique e di difficile applicazione e, soprattutto nell'ambito del commercio internazionale, norme che entrano in vigore in modo inconsistente ed imprevedibile creando una situazione di grande incertezza. Si denuncia, inoltre, l'inefficiente applicazione delle forme di tutela della proprietà intellettuale, tanto che tutt'oggi si verificano numerosi casi di evidente plagio di prodotti da parte di concorrenti cinesi, che impediscono così la possibilità di sviluppo e di innovazione delle aziende estere.

Altra questione fondamentale riguarda la grande difficoltà per molte aziende straniere ad accedere al mercato interno cinese, dovute al crescente protezionismo e alle azioni discriminatorie del governo di Pechino. Il sistema di certificazioni obbligatorie è particolarmente complesso e rende quasi impossibile l'ottenimento delle licenze necessarie da parte di soggetti imprenditoriali stranieri. Secondo la Camera Europea, la Repubblica Popolare Cinese non ha ancora rispettato gli impegni presi all'interno dell'Organizzazione Mondiale del Commercio per garantire l'accesso alle imprese straniere ad alcuni settori come quelli delle telecomunicazioni, prenotazioni on-line di biglietti aerei e distribuzione di carburante.

A tutto ciò va aggiunta la giovane politica di "innovazione nazionale", avviata nel novembre del 2009, che prevede la preferenza per le imprese cinesi nell'assegnazione di commesse pubbliche nei settori dell'hardware per comunicazioni, hardware per computing, software, energia rinnovabile, risparmio energetico ed equipaggiamenti per ufficio."

Chiedere a GLU Mobile, azienda *mobile gaming* americana con quartier generale in San Mateo, Californa. Già nel 2007 il CEO Greg Ballard capì la necessità di penetrare nel crescente mercato cinese ma nonostante gli sforzi, contratti diretti con gli operatori erano inaccessibili. Eppure l'operatore come China Mobile con i suoi oltre cinquecento milioni di utenti faceva gola! Per scardinare questo portone blindato, si decise di metter mano al portafoglio per acquisire MIG Information Technology, azienda con sede a Beijing produttrice di giochi per cellulare e in buone relazioni con tutta la filiera locale. La mossa destò gran scalpore all'epoca nel 2007, prima d'allora si contavano sulle dita di una mano i casi di acquisizioni occidentali in

Cina in ambito entertainment. Questo azzardo costò 14.25 milioni di dollari in contanti alla firma ed ulteriori undici da versare in caso di raggiungimento di obiettivi prefissati negli anni a venire. Il diavolo è presente nei dettagli e coincidenze. Caso volle che da lì a poco arrivasse Apple con sua rivoluzione distributiva che venne ben presto copiata dal principale operatore asiatico, i criteri di pubblicazione giochi vennero resi più elastici vanificando, in gran parte, l'operazione commerciale. Glu si ritrovò ad investire cifre ingenti per accaparrarsi slot di pubblicazione ed ora gratuitamente i concorrenti potevano lanciare dei giochi senza troppi sforzi, un colpo tremendo con ferite tutt'oggi aperte. In secondo luogo l'arrivo della crisi economia mondiale trascinò al ribasso il valore delle azioni (quotate al Nasdaq) rendendo un macigno il debito contratto con i proprietari di MIG, coi quali venne discussa una rateizzazione della cifra.

Questo aneddoto è da ascrivere ai ricordi passati, non occorrono più decine di milioni di euro per distribuire i propri prodotti in Cina. Un qualsiasi ragazzino armato di un Mac e di un contratto di licenza Apple da 99 dollari è in grado di distribuire il proprio prodotto gareggiando alla pari con multinazionali e aziende locali. Il segno dei tempi!

La globalizzazione delle applicazioni porta un indubbio vantaggio non solo agli sviluppatori ed in generale alle aziende coinvolte ma anche ai consumatori, un'amplissima scelta di prodotti creati in ogni parte del mondo e rispondenti a diverse concezioni, filosofie e influenze culturali. Ad oggi per distribuire un dentifricio nella grande distribuzione si passa attraverso il vaglio di *store manager* o *buyer* centrali che valutano attentamente il rapporto costo/benefici nel prendersene carico. Lo spazio fisico non è infinito e quindi si deve massimizzare il guadagno per metro quadro di spazio espositivo. Questo ovviamente preclude ogni possibilità di commercializzazione per prodotti di scarsa qualità, destinati a nicchie commerciali o non corrispondenti al target del punto vendita.
I nostri nonni avevano un catalogo limitato di oggetti da acquistare nel negozio locale, i nostri padri hanno iniziato a vivere nell'era dell'abbondanza grazie al moltiplicarsi dei negozi e alla nascita dei primi supermarket, noi trentenni abbiamo beneficiato della nascita del fenomeno e-commerce ed i nostri figli vivranno nell'Eldorado

dell'abbondanza grazie agli Ecosistemi Aperti. La differenza non è unicamente nella quantità di prodotti acquistabili, ma diventa anche culturale. Stiamo dando l'addio all'era dei Blockbuster, l'epoca della cultura di massa che permetteva ad un videogioco, album, film di generare incassi stratosferici convogliando milioni di persone in una sorta di pensiero unico.

Sfogliando la TOP 10 album musicali di tutti i tempi sarà facile notare come il 90% delle hit provenga dagli anni ottanta e novanta, mentre nell'ultimo decennio nessun artista è riuscito ad entrare in quest'ambitissima classifica. Discorso analogo è riscontrabile nel mercato cinematografico, sono anni che una nuova pellicola non diventa record d'incassi assoluti. Paradossalmente la colpa non risiede nella scarsa qualità di cantanti e attori, ma in un mutamento del quadro generale apportato dall'abbondanza apportata da piattaforme digitali, legali o borderline, come Napster, iTunes, Megavideo, TiVo e Youtube. L'abbondanza produce opportunità di scelta, la libertà aiuta il consumatore a veicolare le proprie scelte.
Gli Ecosistemi Aperti risolvono a monte il problema portando una democratizzazione dei sistemi di produzione e distribuzione" Piattaforme come App Store di Apple, Ovi di Nokia o Android di Google hanno il grande vantaggio di ridurre ogni tipo di frizione sia in fase di produzione sia di fruizione, mettendo per la prima volta in contatto lo sviluppatore ed il giocatore senza intermediari.
I costi medi di produzione orbitano sulle decine di migliaia di euro rendendo accessibile lo sviluppo ad una miriade di garage developer. Una così grande community è la migliore premessa per il presidio di quelle nicchie video ludiche mai cercate dai cugini del mercato console. Da un mercato di massa *hit driven* si sta passando ad un mercato di nicchie di massa. A fine 2010 si contano ben 59.000 giochi, ogni giorno ne vengono immessi oltre sessanta nuovi sul solo App Store. L'allargamento della clientela, lato sviluppo e utenza, ha consentito il raggiungimento di oltre 1,5 miliardi di giochi ed applicazioni scaricate, superando in due anni quanto fatto dal mondo console in una storia trentennale.
Muovendo dalla teoria alla pratica, è interessante analizzare il mercato dei giochi di moto da trial, un tempo fiorente su console ed ora scomparsi dai radar dei giochi fisici. Nell'ultimo biennio questa

sottocategoria di racing game è tornata a far parlare di se su piattaforme digitali.

Trials HD, distribuito dalla finlandese RedLynx su Xbox Live Arcade, ha superato il milione di download a pagamento in soli dodici mesi. Oltre un milione di euro generato mensilmente l'ha reso uno dei primissimi bestseller digitali. La riduzione delle barriere d'ingresso (stesso discorso dicasi per i rivali PsStore di Sony ed in misura minore per WiiWare di Nintendo) ha permesso ad un piccolo team dell'Europa settentrionale, composto da trentacinque persone, di diventare un *market leader* vendendo più di publisher blasonati come Ubisoft o Electronic Arts. Gli sviluppatori, attraverso meccanismi di *self publishing*, tornano a focalizzarsi al 100% su ciò che sanno fare meglio, creare divertimento. Questo ritorno alle origini ha portato bene a RedLynx, – gli stessi di *Pathway to Glory* citato nel capitolo precedente- nel 2009 ha ottenuto il premio come "Best Overall Arcade Game 2009" su XBLA.

Questo successo, sicuramente non programmato, apre un ulteriore ed interessante dibattito sull'errata concezione che i videogiocatori console siano unicamente assetati di sparatutto, sport ed una manciata di altri generi. Gli utenti Xbox Live possiedono una console Xbox 360 ed un abbonamento Gold ai servizi Live dal valore approssimativo di cinquanta euro il mese. Un milione di questi giocatori "incalliti" ha optato per *Trials HD* spendendo 15 euro, e probabilmente altri 5 per l'*expansion pack*, testimoniando la sete di varianti rispetto ai soliti temi proposti.

Nel mentre anche su iPhone si assisteva al successo di un altro gioco motoristico basato sulla disciplina del trial. *Stick Stunt Biker* è un gioco disponibile su App Store al prezzo di 0.79 euro e nel corso dell'Estate 2010 ha raggiunto la TOP 3 di vendita sullo store americano (il più lucrativo) a conferma di un genere di nicchia che trova pubblico e successo nelle piattaforme Aperte. Sebbene non possa vantare una qualità di gameplay similare a *Trials HD*, il titolo ha sopravanzato *Grand Theft Auto* di Take2 e *Sim City Deluxe* di EA Mobile in vetta alle classifiche di Cupertino.

Particolari formule marketing ed investimenti pubblicitari dietro al titolo? Niente di tutto questo, il gioco è stato realizzato da un singolo sviluppatore austriaco che risponde al nome di Robert Szeneley.

Strategie di Self Publishing

Nell'immagine 45 si indicava il modello *Freemium* come un elemento connotante degli Ecosistemi Aperti. Per Freemium si vuole intendere un modello di monetizzazione che trova la ragion d'essere nel termine Free da coniugarsi, in seconda istanza, con Premium. La fusione dei termini Gratis e Pagamento ha dato vita ad una vera e propria rivoluzione del mondo dei contenuti accompagnando quella disarticolazione del modello fisico a favore del digitale esemplificata nel terzo capitolo.
Fin'ora gli sviluppatori occidentali, indipendentemente dalla piattaforma di distribuzione, erano stati obbligati ad un business model quasi unico.Un minimo comune denominatore che aveva segnato la nascita e crescita del mondo "boxed games" e gli albori dell'online gaming aiutando l'industria. Un filo comune accomuna l'acquisto di un gioco in negozio o il download di un client, per entrambi è richiesto il pagamento in anticipo per usufruire del bene. L'unica innovazione commercialmente significante fu l'introduzione del modello "subscription" per opera di Blizzard col già citato *World of Warcraft*.
Apple ha portato un nuovo scossone dando carta bianca allo sviluppatore liberalizzando la scelta economica. Per la prima volta uno sviluppatore trova massima libertà nel settare il prezzo di vendita al pubblico da 0 a 999 euro con la possibilità di cambiarlo a proprio piacimento nell'arco del ciclo vitale. Il gap maggiore rispetto al passato è dato dal valore zero, una marea di applicazioni free fanno la loro comparsa sullo store creando formule innovative di monetizzazione.

FREE + ADERTISING
Paper Toss è la specifica espressione di una tipologia di gioco che mai e poi mai avrebbe trovato diritto di pubblicazione su qualsiasi altra piattaforma. Il concept è il più semplice e riconoscibile possibile, bisogna tirare un pezzo di carta appallottolato dentro il cestino dell'ufficio. Nessuna sparatoria, zero obiettivi da sbloccare, opzioni inesistenti, semplicemente fare canestro! La flessibilità della dashboard ha consentito a Backflip Studios di impostare a zero il prezzo di Paper Toss. Nato come un esperimento, il gioco della società con sede a Boulder in Colorado ha totalizzato ventiquattro milioni di download ad Agosto 2010 entrando nel 25% dei terminali in circolazione in quel

momento, iPod e iPad inclusi. Indubbiamente l'originalità del concept ed il business model prescelto hanno contribuito parimenti a far entrare l'app nel vortice ascensionale, quel movimento dal Basso verso l'Alto che è una delle caratteristiche degli Ecosistemi Aperti. Nonostante la gratuità di base il titolo ha generato 2.5 milioni di dollari nei primi dieci mesi di vita (dato Marzo 2010) a fronte di un investimento di soli 175.000 dollari! Metà dei ricavi è arrivata dai banner pubblicitari, circa 400 milioni d'impression nei mesi top, gestite mediante network pubblicitari come Admob (recentemente acquistato da Google) e Quattro Wireless. Al pari di quanto avviene online, maggiore è il traffico, maggiore è il ritorno pubblicitario. Per fare un'idea su 380 milioni di visualizzazioni del banner da parte dell'utenza, sono stati incassati 379.000 dollari nel Dicembre 2009. Avendo piena disponibilità del proprio inventario, Backflip si è riservata nel tempo degli spazi promozionali per promuovere altre produzioni interne, questa volta offerte a pagamento agli utenti. Questa strategia, nota agli addetti come *cross promotion*, consente di veicolare download da un'applicazione gratuita ad alto traffico verso una seconda applicazione a pagamento. Nel caso specifico si invitavano i giocatori a scaricare *Paper Toss: World Tour* al costo di 0,79 euro ottenendo risultati importanti, come i 336.000 dollari generati nel Gennaio 2010.

LITE VERSION
Nei ritagli liberi, un ormai ex ingegnere di Sun Mycrosistem, Ethan Nicholas, iniziò a studiare il linguaggio di sviluppo Apple via internet in mancanza di budget per l'acquisto di libri o specifici corsi. Era un periodo sfortunato per l'ingegnere, suo figlio era nato prematuro, la moglie fu operata di appendicite ed altri accidenti toccarono ai due figli della coppia. L'elevato costo delle spese sanitarie private stava addirittura portando la coppia a ponderare l'ipotesi di vendere la casa.
Dopo la parte teorica e districandosi tra lavoro, moglie e figlio appena nato, investì 99 dollari per la licenza di sviluppo Apple ed iniziò ad utilizzare per sei settimane ogni ritaglio libero, notte e week end inclusi, per scrivere il codice sorgente di *iShoot* è uno sparatutto basato su un carro armato, con visuale in prima persona, rilasciato il 28 Ottobre 2008.
Non certo l'originalità il pregio maggiore di questa produzione per la quale si avvalse anche di ambientazioni e musiche acquistate da terze

parti, Ethan all'epoca non era in grado di occuparsi di tutto il ciclo produttivo. Nonostante la passione profusa, i primi due mesi trascorsero nell'oblio, il titolo generava pochissimi download al prezzo di circa 3 dollari. In qualità di one man show non poteva permettersi un'agenzia PR o campagne marketing, ed ecco arrivare l'idea in grado di dare una svolta al prodotto e di conseguenza alla sua vita. Nel Gennaio 2009 rilasciò *iShoot Lite*, versione giocabile gratuita limitata a soli sei livelli contro i trenta presenti nella versione a pagamento. Il risultato fu tanto inaspettato quanto sbalorditivo, il gioco divenne l'applicazione più scaricata in assoluta su App Store per tre settimane consecutive totalizzando circa 600.000 dollari in un solo mese. Ad un mese dal boom il talentuoso developer disse al magazine americano Wired:

I'm not going to be a millionaire in the next month, but I'd be shocked if it didn't happen at the end of the year, if it weren't for taxes I would be a millionaire right now."

La gratuità rappresenta un'ottima strategia di self marketing, aiuta le masse ad imbracciare un nuovo prodotto. Nei primi mesi furono 2.4 milioni i download della versione Lite, di questi ben 320.000 rimasero così colpiti da passare all'acquisto della Full con un tasso di conversione vicino al 15%, che per la media di mercato è straordinariamente pazzesco!
Da allora la vita di Ethan è cambiata, ha lasciato il suo lavoro in Sun per dedicarsi a tempo pieno alla sua nuova carriera di sviluppatore e, memore delle notti insonni con la tastiera su una mano ed il figlio sull'altra, ha subito investito una manciata di dollari nell'assumere una baby sitter!

DIVERSIFICARE I RICAVI
Se quelli citati rappresentano casi di successi insperati, non vi è dubbio che gli Ecosistemi Aperti aprano le porte a nuove aziende capaci di pianificare a tavolino. E' stato questo il caso di Tapulous, start up fondata nel Febbraio 2008 da Bart Decrem con il supporto di *business angel* per un *seed* da 1.8 milioni di dollari.

Per chi non fosse addentro ai meandri dell'economia, figure individuali come i business angel o società definite venture capitalist (VC) spesso contribuiscono alla nascita di un progetto apportando capitali e competenze. Soprattutto nel mondo delle imprese di matrice anglosassone, questo strumento viene spesso preso in considerazione dall'aspirante imprenditore privo delle risorse economiche necessarie all'avviamento. I finanziamenti ricevuti sono ripagati da chi ha avuto la "business idea" concedendo una certa quota societaria che, in caso di successo dell'iniziativa, sarà rivenduta a terze parti con lauto guadagno dell'investitore. La logica comune dietro a questo tipo d'iniziative è di eseguire dieci investimenti, tra tutti uno andrà benissimo, un paio faranno recuperare l'investimento ed altri sette finiranno con una perdita compensata dallo straordinario guadagno della start up vincente.

Non appena Apple rese disponibile il Software Developer Kit (SDK) per creare applicazioni iPhone ed iPod Touch, il team con sede a Palo Alto optò per la creazione di un gioco musicale denominato *Tap Tap Revenge*. Si è già parlato del successo ottenuto negli anni passati dal mondo musicale su console ed è proprio in quel filone che l'azienda decise di inserirsi con un approccio in mobilità. Il gameplay è semplice, dall'alto scendono giù delle frecce che vanno digitalizzate al momento giusto per dar suono alla nota musicale corrispondente. La realizzazione di combo genera il brano musicale.
La strategia commerciale fu alquanto particolare. L'applicazione fu lanciata nella Primavera 2008, ben prima del lancio di App Store, su canali distributivi alternativi. Oltre 700.000 possessori di iPhone *jailbroken* (telefoni modificati) installarono gratuitamente *Tap Tap Revolution* contribuendo alla creazione di una vasta community devota al prodotto. Sarebbe come dire che il nuovo *Halo Reach* venisse reso disponibile da Microsoft in download via eMule per poi rilasciarlo tradizionalmente nei negozi al prezzo di mercato. Ogni società è lo specchio del suo management e non sorprendono le scelte anticonformiste di Decrem, ragazzo prodigio belga che all'età di tredici anni pubblicava un magazine musicale underground per la radio dove lavorava anche come DJ. In seguito fece valigie e si trasferì all'università americana di Stanford per poi fondare una start up linux based e successivamente entrare nella Mozilla Foundation. Eppure questa strategia commerciale trova numerosi esempi illustri nel mondo entertainment, soprattutto nel comparto musica.

Lui intuì da subito la rivoluzione degli ecosistemi aperti, capendone la sfida riassunta in una sua frase dal tono profetico:

"Think about it this way: You're Steven Spielberg and you're building this great movie and the only distribution channel that exists for you is YouTube. Now you're competing with some dude taking a video clip of his hamster or a 15 second clip from Saturday Night Live."

Le grandi Major discografiche stanno vivendo anni di flessione con le vendite di album e singoli in caduta libera. Di fronte a questa tragica verità si è assistito ad una diatriba interna che da una parte vede riunite alcune compagnie impegnate nella lotta senza quartiere contro la pirateria musicale subissando di cause legali i creatori di servizi p2p come il risorto Napster. Secondo la loro tesi vi è una correlazione diretta tra i mancati incassi nei negozi di dischi e il download illegale di quei brani. Un'altra corrente di pensiero guarda oltre ed intuisce il potenziale che anche queste forme parallele di distribuzione possono avere nel concorrere a creare una hit commerciale. Spesso chi scarica illegalmente è un individuo che non avrebbe mai acquistato legalmente quel brano, film o videogioco perché rientra nella categoria "*money-poor but time-rich*" coniata dal professor Felix Oberholzer Gee dell'Università di Harward. Un'ampia schiera di giovanissimi e squattrinati non in grado di affrontare la spesa per un disco musicale e che trovano la valvola di sfogo nel download illegale. Ovviamente questa tipologia non porta incassi ma diventa artefice di uno stimolo virale. Vi è poi invece la categoria dei *"Sampler"*, chi è incuriosito dal prodotto e pur avendo disponibilità economica preferiscono scaricare uno o due brani o le prime puntate di un serial tv per poi acquistare legalmente l'album o il cofanetto DVD.
Ovviamente laddove l'equazione si capovolge e quindi abbiamo gente con molti soldi ma poco tempo ecco che la gratuità o il *peer to peer* non ha più ragione di esistere. Prendiamo un iPod Touch come lettore mp3 e diamolo in mano ad un manager di azienda e ad uno studente liceale. Il primo tenderà a spendere 99 centesimi per acquistare il brano che più gli piace direttamente dal telefonino grazie all'*account* iTunes collegato con la sua carta di credito. Così facendo riesce a soddisfare la sua voglia di musica in pochi secondi e con un paio di click. Lo studente preferirà, invece, mettere in download il pezzo su emule per poi trasferirlo via

cavo sull'iPod. L'operazione richiederà decine di minuti col rischio che la qualità del brano non si riveli eccelsa, ma il tempo non gli manca e l'obiettivo di avere un brano a costo zero sarà raggiunto.

L'esempio più eclatante è arrivato dai RadioHead col loro settimo album *Rainbow* distribuito preventivamente online per giungere con due mesi di ritardo nel tradizionale mercato *retail*. La vera rivoluzione arrivò dal prezzo al pubblico, l'album digitale era a offerta libera per cui l'acquirente poteva decidere di scaricarlo gratis o pagarlo 1000 euro in base al libero arbitrio. Il risultato? Rainbow è stato il disco più venduto della rock band totalizzando tre milioni di copie.

Il volano dell'iniziativa online fu così forte da sospingere la versione pacchettizzata al primo posto nelle chart in US e UK così come su iTunes. Sebbene il modello *freemium* sarà approfondito nel prossimo capitolo, va sottolineato come l'idea commerciale dietro Rainbow abbia non solo giovato all'acquisto diretto dell'album, ma abbia generato introiti secondari significati. Il tour è stato il più grande di tutti i tempi, ben 1.2 milioni di biglietti staccati grazie alla popolarità dell'album ed ancora la versione deluxe del cd ha venduto 100.000 copie a 80 dollari.

Per *Tap Tap Revenge* il risultato finale è paragonabile. Nel 2008 è stata l'applicazione gratuita più scaricata, nel 2009 il gioco più installato dai possessori iphone ed a fine 2010 si contano oltre 35 milioni di download tra versione free e a pagamento, un miliardo di canzoni "giocate" ed un fatturato mensile vicino al milione di dollari. Il titolo rappresenta la migliore case history di differenziazione dei business model in ambito mobile:

Pay per Download: *Tap Tap Revenge*, ora giunto al terzo capitolo è in vendita su App Store al prezzo di 79 centesimi. Inutile dire che tale versione si è giovata della versione free immessa in modalità pirata e poi legalmente con la lite, entrambe in grado di trainare enorme traffico.

Third Party: Tapolous è riuscita a siglare accordi con importanti gruppi musicali per creare applicazioni brandizzate basate sul proprio motore di gioco. Attualmente sono disponibili sullo store versioni tematizzate Coldplay, Lady Gaga e Metalicca in vendita a 3,99 euro. Oltre al gran battage pubblicitario, l'azienda ricava una quota fissa ed una percentuale su ogni applicazione scaricata.

Microtransazioni: Una volta scaricato il gioco, gli utenti hanno la possibilità di cimentarsi in extra brani acquistabili tramite *In-App Purchase*. Per esempio nel terzo capitolo è possibile acquistare oltre 100 pacchetti aggiuntivi ad un prezzo variabile dai 0,79 ai 2,39 euro trovando artisti come Fall Out Boy, One Republic ed Evanescence. Ad inizio 2010 il singolo *Tik Tok* di Ke$ha venne scaricato oltre 100.000 volte nelle prime tre settimane di disponibilità come extra track. I ricavi generati saranno ovviamente divisi tra Tapolous e la major detentrice dei diritti.

Advertising: Numerosi colossi dell'intrattenimento come 20th Century Fox stanno utilizzando questa applicazione per promuovere nuovi prodotti come il film Jennifer's Body. Oltre ai classici banner, vengono studiate formule per includere band e personaggi cinematografici *in-game* facendo leva sulla impressionante penetrazione di Tap Tap tra i possessori iPhone.

Reseller: In *Tap Tap Revenge*, e relativi spin off, è possibile giocare con brani non coperti da diritti d'autore o canzoni famose inserite direttamente nel gioco o scaricabili separatamente tramite in-app purchase. All'interno del prodotto vi è il link diretto per acquistare la traccia completa su iTunes così da ascoltarla anche fuori dal gioco. Il brano *Hot n Cold* di Katy Perry è stato caricato nel gioco da oltre 250.000 utenti, dei quali 56.000 ha acquistato la versione originale su iTunes. Ascoltare una canzone all'interno di un sistema video ludico amplifica l'esperienza e permette alla band di acquisire maggior forza nella graduatoria mentale del giocatore.

Questo ibrido fatto di advertising, pay per download, microtransazioni e sviluppo di applicazioni per major esterne hanno fruttato all'azienda circa un milione di dollari il mese, non male per una compagine neonata con sei dipendenti all'attivo nei primi periodi. La rivoluzionaria visione del CEO Bart Decrem arriva a compimento il 1° luglio 2010 quando Disney annuncia l'acquisizione di Tapulous, s'ipotizza un esborso sui 35 milioni di dollari per la gioia degli investitori!

MOBILE VIRTUAL GOODS

Secondo Jupiter Research il 2013 segnerà il sorpasso degli in-app purchase rispetto al tradizionale modello *pay per download*. L'utenza si sta progressivamente alfabetizzando alla novità introdotta da Apple nell'Estate 2009, la possibilità di scaricare gratuitamente prodotti completi per poi iniziare a pagare soldi reali per ottenere moneta virtuale, virtual goods ed altri facilitatori dell'esperienza di gioco. A capirlo sin dalla primissima ora è stato Neil Young, importante boss di Electronic Arts che lasciò il colosso dell'entertainment per fondare la sua ngmoco. Il primo titolo freemium fu *Eliminate Pro*, sparatutto in prima persona scaricabile gratuitamente su App Store dal 2 Novembre. L'energia vitale del protagonista è chiamata "power cell", si parte con venti e per rimpinguarla sono proposte due strade, pagare con in-app purchase o aspettare novanta minuti affinché si ricarichi da sola. I prezzi erano studiati per andare incontro a diverse esigenze con pacchetti da 0.79 centesimi fino a 30 euro.

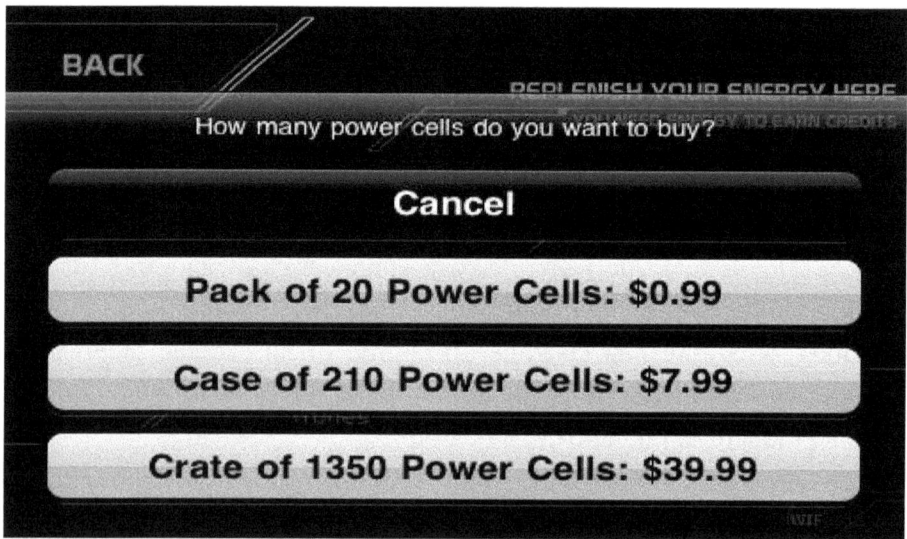

Figura 35 - Eliminate Pro in-app purchase.

Per la prima volta un modello tipico dell'online sbarcava su cellulare facendo subito breccia tra i giocatori. Nella prima settimana di vendita furono 500.000 le unità scaricate tanto da balzare al vertice delle applicazioni gratuite scaricate. Una massa enorme d'individui che contribuirono all'ingresso del prodotto nella TOP 20 "Grossing Chart". Il potere della gratuità arrivò ad espletamento superando il fatturato generato da giochi pay per download venduti a diversi dollari, dimostrando come questa potesse divenire una strada importante da percorrere. Quello che poteva sembrare un caso isolato divenne ben presto una tendenza tanto che ormai stabilmente la TOP 10 italiana presenta due se non tre freemium game tra le più redditizie.

Non bisogna cadere nell'assioma pagamento:ricavi=gratuità:non ricavi. Statistiche ed esperienze personali dimostrano come alcuni titoli freemium possano generare elevatissimi ricavi da un singolo utente fidelizzato entrando nel paradosso che sarebbe stato quasi più conveniente acquistarlo sin da subito invece di spendere pochi centesimi alla volta nel corso dei mesi. Una storia esemplare arriva dagli Stati Uniti ed ha al centro Madison, una ragazzina di otto anni residente a RockVille, Maryland. Al pari di altre milioni di persone ha installato gratuitamente *Smurf's Village*, il gioco ufficiale dei Puffi pubblicato da Capcom. L'allegra banda degli omini blu non è nuova ad incursioni video ludiche, già nel lontano 1982 fu uno dei titoli di punta della console ColecoVision, purtroppo anch'essa travolta dal crack dell'industria nel 1983.

La versione iPhone/iPad è giudicata idonea per un pubblico dai quattro anni in poi e per questo la studentessa delle elementari americana non ha avuto alcun ostacolo da parte dei genitori che si sono sentiti confortati dall'iniziale gratuità di download e dall'ambiente cartonesco tipico dei Puffi. Questi presupposti hanno consentito al titolo Capcom di diventare velocemente uno dei best seller di fine 2010, ancora oggi a distanza di mesi dal suo rilascio occupa stabilmente la prima posizione della classifica delle redditizie, Italia compresa.
Nessuno sviluppa niente per niente, la dinamica di gioco incentiva fortemente l'acquisto di virtual good utili per costruire un Villaggio dei Puffi sempre più caldo ed accogliente. Gli oggetti e soprattutto le bacche, moneta ufficiale di Puffolandia, si acquistano in modalità "in-

app purchase" utilizzando soldi reali presenti nella carta di credito o altra forma di pagamento associata al proprio account i-Tunes.
Tornando a Madison, la bambina nei lunghi pomeriggi passati a casa era solita divertirsi col gioco in questione utilizzando il dispositivo della mamma. Nel corso di un paio di mesi ha sommato la bellezza di 1400 dollari di micro pagamenti sollevando un vero e proprio vespaio quando i genitori si son visti recapitare in mail il conto.

Tali cifre non devono stupire, tralasciando la fattispecie di un minorenne "inconsapevole", non è raro superare le migliaia di euro in giochi in cui si è appassionati. In Smurf's Village vengon offerti pacchetti di bacche che vanno dai pochi centesimi fino a 79,99 euro, si clicca e l'acquisto è servito. La negligenza dei genitori, la non ottimale trasparenza del gioco ed una impostazione iPhone che consente di compiere acquisti nei quindici minuti successivi all'inserimento della password senza doverla reinserire. Al di là del caso specifico che presenta alcune storture, il mercato dei mobile virtual goods è destinato a crescere rapidamente sin da fine 2011. Dopo lo sdoganamento del modello grazie ad Apple, anche Android Market e BlackBerry App World hanno deciso di abbracciare l'in-app purchase consentendo, finalmente, allo sviluppatore di adottare una organica strategia cross platform senza doversi districare tra modalità di pagamento troppo distanti tra loro.

Nome originale pacchetto Smurf's Village	Costo nello Store Americano
Bucket of Smurfberries	$4.99
Bushel of Smurfberries	$9.99
Bushel of Smurfberries	$11.99
Barrel of Smurfberries 1	$24.99
Barrel of Smurfberries 2	$29.99
Wheelbarrow of Smurfberries 1	$49.99
Wheelbarrow of Smurfberries 2	$59.99
Wagon of Smurfberries	$99.99

Figura 36 - Dettaglio micro transazioni Smurf's Village

CROSS PLATFORM
La storia dello sviluppatore finlandese Rovio è degna di racconto. Nel 2003 tre studenti dell'allora Helsinki University of Technology, Niklas Hed, Jarno Väkeväinen e Kim Dikert parteciparono ad un concorso

mobile gaming sponsorizzato da Nokia e HP. La realizzazione di un gioco multiplayer in real time *"King of the Cabbage World"* li portò alla vittoria ed alla seguente nascita di una start up chiamata Relude. Il primo passo fu vendere il titolo a Sumea/Digital Chocolate che lo lanciò sul mercato nel 2004, una delle primissime esperienze in tal senso a livello mondiale. L'azienda era senza dubbio talentuosa, rilasciò negli anni una serie di titoli innovativi per design e concept, *Darkest Fear* su tutti. Purtroppo l'inadeguata struttura marketing e commerciale, anche dopo la capitalizzazione e il re-brand in Rovio, impedì alla start up di decollare in veste di publisher gettandola in una pesante condizione economica. Da sviluppatore con ambizioni di publishing, l'azienda si riconvertì a puro service per terze parti, la loro qualità fu messa a servizio di aziende come Electronic Arts (*Burnout* e *Need for Speed: Carbon*), Nokia e Mr. Goodliving. Ormai rassegnata a un ruolo di comprimaria, Rovio trovò nuova vita con l'avvento dell'era degli smartphone.

Durante un consueto *brainstorming*, il senior game designer Jaakko Iisalo presentò alcuni bozzetti raffiguranti dei buffi e cartoneschi uccelli privi di mani e gambe. La stilizzazione piacque a tal punto che tutto il team si mise al lavoro nel tentativo di dare un gameplay a questi personaggi. I maialini in veste di nemici vennero scelti, ad esempio, perché in quel periodo imperava l'influena suina. A fronte di un investimento intorno ai 100.000 dollari, tutti i pezzi del puzzle collimarono tanto che nel Dicembre 2009 arrivò sul mercato *Angry Birds* con l'aiuto del publisher inglese Chillingo.
Ad un anno esatto dal debutto su App Store, il gioco degli uccelli da catapultare contro i maialini ha totalizzato circa diciotto milioni di download gratuiti per la versione lite e dieci milioni a pagamento (0,79 euro per iPhone e 2,99 per iPad). Un successo inaspettato, un bestseller senza eguali in grado di diventare l'emblema stesso del gaming design su touch screen. Una gran parte del successo è ascrivibile alla strategia di continui aggiornamenti gratuiti resi disponibili periodicamente dopo il lancio. Con cadenza bimestrale sono stati rilasciati "Mighty Hoax" e "Golden Eggs" per un totale di cinquantasette livelli inediti. Lato utente la situazione diventa favolosa, con soli 79 centesimi si ha in mano un prodotto praticamente infinito in grado di regalare ore di gioco e continue sorprese mediante l'aggiunta di nuovi uccelli, oggetti e livelli.

Ormai consapevole di aver concepito un prodotto *mainstream*, l'azienda finlandese decide di estendere il brand nativo iPhone su altre piattaforme pianificando una strategia diversificata volta a sfruttare dinamicamente le opportunità offerte da ciascun partner commerciale. Entrando nel dettaglio:

Nokia Ovi: Sull'application Store di Nokia, Rovio esordisce nell' Aprile 2010 con una versione gratuita di Angry Birds per N900. Successivamente la compatibilità viene estesa ai terminali Symbian 3 con un prezzo di tre euro per il download e due euro aggiuntivi per i bonus pack disponibili. Si contano a Novembre 2010 circa due milioni di download. In questo ambiente la strategia è cambiata radicalmente. Se su iPhone gli aggiornamenti sono gratuiti ed il prezzo di download è definito al minimo, su Nokia i costi salgono esponenzialmente. Questa scelta non è casuale ma risponde ad una diversa mentalità del giocatore su piattaforme Java e Symbian disposto a spendere mediamente cinque euro per scaricare un prodotto. Forte dei buoni rapporti intrecciati con Nokia negli anni precedenti, Rovio ha rilasciato inoltre una versione totalmente gratuita su N900, in questo caso è negoziata visibilità extra come merce di scambio: banner pubblicitari, comunicati stampa, spazi editoriali sul sito ufficiale Nokia e così via. Un approccio dapprima soft con l'incentivo della gratuità in cambio del passa parola, solo poi una versione a pagamento in grado di capitalizzare gli sforzi.

Android: In data 15 ottobre 2010 Rovio decide di estendere il suo franchise ai terminali equipaggiati con sistema operativo Android. La sorpresa arriva dalla possibilità di scaricarlo gratuitamente dal portale GetJar.com attraverso la formula ad-funded. Il gioco è offerto nella sua versione completa con della pubblicità gestita dal circuito AdMob di proprietà di Google. Sullo store indipendente ad oggi si contano circa 1,5 milioni di download cui vanno sommati quelli raggiunti sull'Android Market per un totale di circa sette a fine Novembre 2010. Una strategia di massificazione su questa piattaforma, un contenuto di grande qualità veicolato gratuitamente all'interno di un disegno ben preciso. Non deve sorprendere se sul finire d'anno i due principali sistemi di monetizzazione portano parimenti una cifra vicina al milione di dollari mensile. Oltre al già citato advertising, sul finire del 2010 è stato introdotto un innovativo sistema di pagamento denominato Bad Piggy Bank. Gli utenti Android potranno acquistare una versione "adv free" scalando il costo del prodotto direttamente dal credito telefonico e non dalla carta di credito come avviene su iPhone o Android.

PalmOs: Il titolo è stato reso disponibile a metà 2010 anche sullo store per i telefoni con sistema operativo Palm.

Intel AppUp: Il 5 gennaio gli uccelli arrabbiati sbarcano anche su piattaforma PC con una versione a pagamento disponibile sull'Application Store targato Intel. Al prezzo standard di 7,99 euro è possibile scaricare una versione con 192 livelli. La cifra garantisce inoltre l'accesso gratuito ai futuri aggiornamenti ed alcune feature mai viste in ambito mobile. L'idea è di incentivare gli attuali possessori del gioco a scaricarlo anche sul proprio PC. Non a caso è subito balzato in vetta alla classifica dei giochi più scaricati.

Mac App Store: Il 6 gennaio 2010 esordisce lo store digitale Apple focalizzato sul mondo dei computer Apple. Molto simile ai precedenti store in mobilità, il dayone ha visto la comparsa di una versione ottimizzata di Angry Birds al prezzo standard di 7,99 euro. Nelle prime 24 ore il gioco più scaricato è stato proprio quello prodotto da Rovio.

Giocattoli: Da inizio 2011 è possibile acquistare dei pupazzi basati sui protagonisti del gioco. Una sfilza di uccelli arrabbiati e maialini riprodotti in varie dimensioni acquistabili sia dal sito ufficiale che dal partner commerciale Toywiz. Oltre ai peluche trovano posto anche portachiavi e custodie iPhone per la gioia degli appassionati della saga. Interessante notare come sui due portali vengano venduti prodotti differenti ad un range di prezzo diversificato.

Board Game: Mattel si è assicurata i diritti per la realizzazione del gioco in scatola ufficiale di Angry Birds. Al costo di 15 dollari sarà possibile assicurarsi una fedele riproduzione del meccanismo di gioco con tanto di catapulta e 14 blocchi, stile Lego, da utilizzare per ricreare le abitazioni dei maialini da abbattere. Una interessante estensione fisica di un prodotto digitale in grado non solo di beneficiare dei milioni di giocatori già in essere ma di fare a sua volta da volano per la vendita del videogioco vero e proprio tramite forme di cross-promotion.

Questo lungo elenco puntato racconta il passaggio da smartphone game a*"Full Entertainment Franchise"*. Nel giro di un anno un semplice casual game, venduto a 79 centesimi, è diventata un'icona del divertimento domestico travalicando i limiti della piattaforma nativa. In prima istanza si è attuato un allargamento del bacino potenziale di utilizzatori in mobilità rilasciando il prodotto su diversi application store, non disegnando la gratuità iniziale per incentivarne la penetrazione. Il secondo passo ha previsto lo sconfinamento nel vicino mondo degli app store online, ed è stato subito successo su Mac e Intel grazie alla forza precedente del brand già conosciuto a molti utenti PC. Il terzo passo vede il passaggio da prodotto digitale a prodotto fisico mediante la realizzazione di giocattoli e giochi in scatola in grado di portare ricavi e visibilità extra presso un'audience spesso estranea alle dinamiche video ludiche. Infine il quarto passo sarà l'espansione verso il mondo tradizionale console, è infatti probabile l'uscita multipiattaforma tra fine 2011 e 2012.
Pensare che un anno fa Rovio contava sette impiegati, ora sono triplicati ed è lecito scommettere che il numero salirà ancora.

Il content discovery dal basso

Una delle critiche più comuni mosse al mondo degli Ecosistemi Aperti è la marea di applicazioni spazzatura rilasciate quotidianamente. In assenza di filtri, ognuno può pubblicare ciò che vuole comprese app piene di bug e senza alcuna logica. Un non senso per tutti quelli che nella vita quotidiana si sono confrontati con gli inventari dei negozi fisici o con i cataloghi digitali da Amazon a Netflix. Nel commercio elettronico, vi sono figure professionali preposte alla gestione del catalogo. Molto spesso una sola persona ha in mano il potere di decidere cosa potrebbe diventare un bestseller e cosa far rimanere nell'oblio. Siamo davvero sicuri che nel mondo dell'abbondanza, in cui ci troviamo a vivere, sia questa la soluzione migliore? Il buyer ha sempre le capacità e la sensibilità per siglare i migliori accordi commerciali senza rischio alcuno di tappare le ali ad un prodotto potenzialmente di successo?

Il sistema tradizionale di filtraggio ha portato negli anni a delle storture commerciali parimenti dannose rispetto alle app spazzatura. Nel mercato del mobile game, dal 2006 numerosi, i responsabili di settore per le Telecom hanno contribuito alla "brandizzazione" del mercato dei giochi per cellulare. La scelta quasi unanime è stata quella di chiudere progressivamente le porte agli original ip, privilegiando qualsiasi prodotto che avesse però un nome blasonato alle spalle. Questa miope scelta ha portato un inaridimento dell'offerta e la disapprovazione dei giocatori.
 Nel mercato fisico il manager del negozio ha una grandissima responsabilità sulle spalle, non solo selezionare cosa acquisire ma anche come e dove posizionare il prodotto. Entrando in una libreria si assiste spesso a delle colonnine dedicate ad una nuova uscita o ad un espositore, solitamente ubicato nella zona a più alta pedonabilità, dove campeggiano i libri selezionati dallo *store manager*. Inutile dire che un libro nascosto negli scaffali, magari dietro ad altri volumi, genera poche vendite mentre una colonnina aumenta esponenzialmente le copie vendute.

 Purtroppo non sempre sono logiche meritocratiche a determinare la visibilità del prodotto nel punto vendita, negli ultimi anni si è andato sempre più affermando *"in-store product placement",* una tecnica di marketing che aiuta il prodotto a trovare maggiore visibilità negli scaffali così da attrarre più facilmente l'attenzione del potenziale consumatore. Semplificando viene chiesto al produttore di una marca di pasta di pagare un tot. Euro a Carrefour per ottenere extra visibilità rispetto ai competitor. Prendiamo ancora una volta l'esempio del mondo dei giochi java, un portale wap contiene in media 200 e più titoli divisi normalmente in dieci per ogni pagina. E' chiaro che un gioco ubicato al 199° posto sarà raggiungibile dopo la difficoltosa navigazione di venti pagine e questo inficerà i volumi. I grandi Publisher da Electronic Arts a Gameloft passando per GLU non solo cercano di ottenere "editorialmente" le prime pagine per i propri giochi ma ultimamente hanno iniziato ad acquisire spazi per avere sempre al top i titoli di grido. Un'opzione praticabile per aziende con importanti budget marketing alle spalle, un colpo mortale per quei publisher minori che possono contare solo sulla forza delle proprie idee.

I prodotti spazzatura sono parte integrante del concetto di Ecosistemi Aperti, ogni democrazia ha i suoi costi. Eppure vi sono alcune storie di successo su App Store che mostrano come anche le *"crap app"* possano diventare mass market e virali. Questa è la storia di *iFart,* applicazione iPhone lanciata nel dicembre 2008 da Joek Comm.

Data	Unità Vendute	Posizione Globale	Posizione Sezione Entertainment
12/12	75	/	70
13/12	296	/	16
14/12	841	76	8
15/12	1510	39	5
16/12	1797	22	3
17/12	2836	15	3
18/12	3086	10	3
19/12	3117	9	2
20/12	5497	4	2
21/12	9760	2	1
22/12	13274	1	
23/12	13349	1	
24/12	19520	1	
25/12	39927	1	

Figura 37 - Analisi vendite iFart iPhone.

La tabella indica il rollino di marcia di *iFart* passato dalle 75 copie vendute il 12 Dicembre alle 38,927 a Natale! Nessuna grafica 3D, nessuna profondità di gameplay semplicemente un riproduttore di flautolenze, basta cliccare sullo schermo e si assiste ad un campionario di rumori esilarante.

Un prodotto similare non avrebbe mai trovato ospitalità in altri negozi digitali centralizzati ed anche una controparte fisica sarebbe stata rifiutata dalle catene commerciali o al più commercializzata in un angoletto durante il periodo di Carnevale. Grazie ad Apple si è scoperto che questo genere ha mercato! L'exploit di vendite non può nascondere il dibattito generato nei forum e blog di settore dove una valanga di critiche si è riversata da parte di benpensanti increduli di fronte alla prima posizione in classifica agguantata. Da un blog italiano:

E' pazzesco che una App del genere venda così tanto: come scritto sopra sono scioccato. Mi sono rifiutato di acquistarla per principio....assurdo che una App del genere sia ai vertici nello store USA ma questo articolo è funzionale a una mia teoria: in App Store vince l'idea e non il brand. Se agli "ammerigani" piacciono le puzzette, lasciamogliele tutte ma per fortuna (come poi scritto sopra) è un fenomeno limitato che i blog esteri riprendono come rivoluzione. Una rivoluzione che non c'è perché i numeri parlano da soli.

A lui risponde un altro utente:

"Una app geniale ! E piantatela di fare i moralisti..."

La democratizzazione dei contenuti è anche questo, prodotti che il senso comune definirebbe di bassa qualità che trovano migliaia di persone disposte a spendere 79 centesimi. Se a monte non esistono più filtri, eccetto quelli legati alla violazione delle policy contrattuali dettate da Apple, diventano fondamentali i pareri delle persone che concorrono all'acquisto di un bene digitale.

Ebay è il più importante sito mondiale di aste online, un vero e proprio *marketplace* dove ognuno può acquistare o vendere qualsiasi oggetto previa registrazione gratuita. A fronte di milioni di utenti attivi, il rischio di prodotti "spazzatura" diventa elevato. Il sito ha trovato gli anticorpi in se stesso creando un sofisticato sistema di filtri che si muovono dal basso verso l'alto sotto il nome di *feedback*. Compratori e venditori lasciano un commento, positivo o negativo, sulla transazione effettuata. Questo consente una classificazione del nickname su una scala da 1 a 100% di affidabilità. Oltre a calcolare l'affidabilità, Ebay ha introdotto il sistema delle stelline per differenziare gli utenti in base al numero di transazioni effettuate in entrata ed uscita:

- Stellina gialla: punteggio di feedback compreso tra 10 e 49
- Stellina blu: tra 50 e 99
- Stellina turchese: tra 100 e 499
- Stellina viola: tra 500 e 999
- Stellina rossa: tra 1000 e 4999
- Stellina verde: tra 5000 e 9999
- Stellina cadente gialla: tra 10000 e 24999
- Stellina cadente turchese: tra 25000 e 49999
- Stellina cadente viola: tra 50000 e 99999
- Stellina cadente rossa: tra 100000 e 499999
- Stellina cadente verde: tra 500000 e 999999
- Stellina cadente argentata: punteggio di feedback pari o superiore a 1000000

Un nuovo utente troverà rassicurante compiere un acquisto da un venditore con una stella rossa, di contro probabilmente il prezzo finale sarà leggermente più alto. Un utente navigato potrà arrischiarsi ad acquistare da un utente meno "anziano", spuntando magari un prezzo migliore.

Apple ha lavoro molto sui sistemi di filtraggio e tutt'oggi è continuamente impegnata nel rendere l'esperienza di navigazione del suo App Store la più semplice e intuitiva possibile. Alcune ricerche di mercato indicano in trenta secondi il timing ottimale per far approdare l'utente nel contenuto che intende acquistare in mobilità, regola quasi mai seguita nella strutturazione odierna dei portali in mobilità. Su un catalogo di oltre 300.000 applicazioni diventa nodale il sistema di visibilità per evitare che il numero dei download sia vicino allo zero. La soluzione adottata è stata quella di creare un sistema di "raccomandazioni" provenienti dal basso (utenza) e dei "suggerimenti" provenienti dall'alto (Apple).

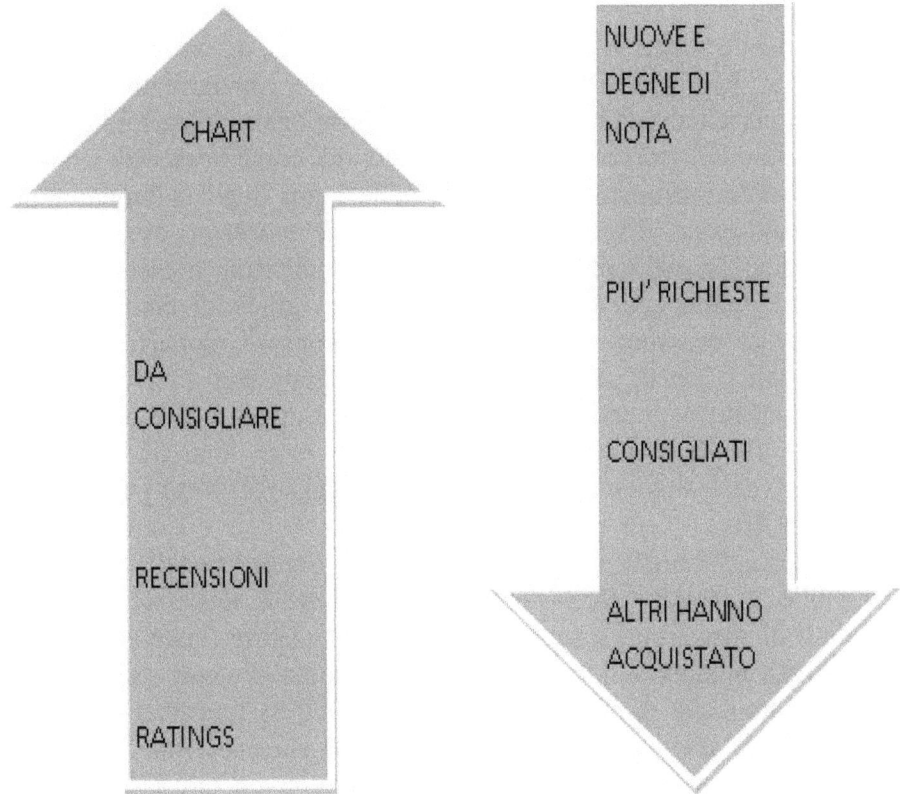

Figura 38 - Controllo bi-direzionale App Store.

Un tratto portante dei filtraggi dal basso è di essere "ex post", ovvero avvengono successivamente alla pubblicazione del prodotto. Il Publisher lancia sullo store digitale un gioco e da quel momento l'utenza inizia a dare un rating, recensirlo e consigliarlo. Ad un alto tasso di soddisfazione degli acquirenti corrisponde una maggiore scalata nelle chart di cui abbonda l'App Store. Sfuggendo dalla logica di un'univoca classifica, Apple ha introdotto numerose TOP 10, una per ogni categoria e sottocategoria merceologica. In corso d'opera è stata aggiunta la "Top Grossing Chart", classifica basata non sul numero di copie vendute bensì sul fatturato generato.

In due anni lo store di Cupertino ha generato 1.43 miliardi di dollari riversandone, al netto della trattenuta del 30%, circa un miliardo nelle casse degli sviluppatori. Questa montagna di denaro non sarebbe stata immaginabile senza uno spontaneo meccanismo di viralità generatosi nella rete. Migliaia di blog, siti e forum dove i mela maniaci si sono radunati per condividere notizie, offerte, promozioni e impressioni sulle applicazioni del giorno. Anche social network come Facebook e Twitter sono diventati strumenti importanti nelle mani degli sviluppatori che pian piano sono diventati dei perfetti *self marketer* oltre che *self Publisher*. Tradizionalmente le azioni di marketing e comunicazione sono ad appannaggio delle grandi major in grado di confezionare a tavolino la prossima hit miscelando milioni di dollari di budget pubblicitario, canali comunicazioni privilegiati con le riviste/siti di settore ed infine analisi di mercato che aiutano nel pianificare le tendenze future. Un esempio emblematico negli anni addietro fu il fenomeno delle boyband dai Take That ai Backstreet Boys passando per le Spice Girls.

Ora questa fabbrica delle hit gestita da multinazionali non è più ripetibile in ambito Ecosistemi Aperti perché è il basso a creare i modelli di successo. La stessa persona è utilizzatore finale e avanposto marketing mediante il proprio blog o account Twitter. Se a questo aggiungiamo che ognuno degli oltre 100.000 sviluppatori accreditati iPhone invia un overflow di comunicazioni via mail, social network, blog ufficiale diventa ufficialmente possibile annunciare la distruzione dei modelli comunicativi tradizionali dall'alto verso il basso.

Da Global a Glocal

Un flusso continuo di applicazioni che giornalmente pervade gli oltre trenta mobile application store realizzati da operatori, manifatture e terze parti. Ad inizio capitolo si è parlato di "Scala Mondiale" come una delle principali rivoluzioni apportate dagli Ecosistemi Aperti. Indubbiamente vero anche se non si cade in errore usando l'inflazionato termine *Glocal*, frutto della fusione del termine Global con quello Local. Impostare come mondiale la propria app ha l'indubbio vantaggio di renderla immediatamente acquistabile da ogni persona sparsa nel mondo aumentando esponenzialmente le possibilità di download. D'altra parte esser presenti su settanta o più nazioni presuppone un minimo di esperienza nel gestirne il lancio: localizzazione plurilingue, comunicazione sui principali paesi, customer care ed altro ancora. Ed ancora bisogna essere in grado di sfornare un titolo appetibile a culture diverse, cosa più complessa di quanto si potrebbe pensare.

Il mondo del gaming tradizionale da ormai un trentennio si confronta con le problematicità locali di un prodotto globale. *Modern Warfare 2* versione PC è stato addirittura censurato in Russia per via della missione di gioco "No Russian" ritenuta discriminatoria verso quella nazione. Un gruppo di terroristi russi assalta un aeroporto facendo strage di civili, una scelta funzionale verso il bacino occidentale che però va a colpire alcune sacche di vendita minori. Proprio il tasso di violenza insito in alcuni videogiochi ha spesso rappresentato una cesoia tra i game developer occidentali e quelli giapponesi. In generale la cultura del Sol Levante è maggiormente riluttante verso il genere sparatutto, specie se i nemici da abbattere sono persone reali.

Altri giochi portano problemi più tipicamente estetici, ad esempio un protagonista con tratti bianchi ed occhi blu diventa poco appealing in nazioni asiatiche perché riflette una cultura allottona. Chris Pruett in un bellissimo articolo per Interface: The Journal for Education, Community and Values riportò un dato sui cinque personaggi video ludici più importanti nel 2004 in USA (Ratchet and Clank, Sam Fisher, Master Chief, Carl Johnson e Gordon Freedman) e in Giappone (Solid Snake, Ryu Hayabusa, "Joe", Mario e Samus Aran). Nessun punto di contatto tra le due culture dovute a:

The replacement of comical characters with more realistic, mature equivalents remains a typical approach for Western importers, even though many Japanese games are censored for content deemed too risqué for American audiences.

Una radicalizzazione del pubblico americano desideroso di personaggi incazzati e dai tratti mascolini. Il perbenismo americano ha avuto influssi anche nei confronti di alcuni personaggi di gioco dichiaratamente gay modificandone il look e gli atteggiamenti. Può sembrare folle ma è verità storica, in questa sede ci si limita a segnalare i casi di Ash da *Final Fight*, Eagle da *SNK vs Capcom 2* ed i cambi effettuati riguardo al genere sessuale di Birdo in *Super Mario Brothers 2*.

A fronte di queste indubbie difficoltà nella globalizzazione di un prodotto video ludico, alcuni sviluppatori hanno reagito mirando a specifiche nicchie territoriali. Ogni nazione ha modi di giocare peculiari.

Nello store ufficiale di Samsung, "Samsung Appi", tra le applicazioni più vendute in Italia trovano posto due giochi tipica espressione di una cultura autoctona. Il gioco della scopa e della briscola realizzati da Playyoo sono nella TOP 10 paid application per il modello Wave dimostrando una tendenza già palesatasi su App Store. Nel mese di Settembre 2010 tra i giochi più scaricati in Italia per iPhone figuravano diversi titoli "glocal": *NomiCoseCittà Plus* di Daniele Ratti, *iScopa* di Luigi Castiglione, *Sapientone* di Quattro srl, *Associa Parole* di Franco Grieco e iBurraco di Antonio Seprano. I nomi sono già indicativi del contenuto e si può notare come 4/5 sono prodotti da garage developer a riprova di una semplicità estrema nell'aggredire le nicchie. Certamente questi titoli non raggiungeranno mai i risultati ottenuti da un Angry Birds, ma spesso raggiungono e superano il break even.

7

IL GIOCO DIVENTA SOCIALE

Definizione Social Game

L'uomo è un animale sociale, non è fatto per stare da solo.

Declinando la celeberrima frase di Seneca al libro si può ben dire che l'uomo non è fatto per giocare da solo e questo per ragioni congenite al nostro essere ben testimoniate dai comportamenti ludici nel corso dei secoli.
Nel 3500 a.c., in pieno periodo egiziano pre dinastico, la popolazione spendeva molto del proprio tempo libero giocando a *Senet*, un arcaico prototipo dell'attuale backgammon. Sociologicamente l'elemento ludico portava con sé delle implicazioni diverse secondo la classe sociale, più o meno abbiente, cui si apparteneva. Per i nobili e l'elite culturale, *Senet* rappresentava un momento fondamentale di svago con forti implicazioni religiose, il movimento delle pedine sulla tavola di gioco, infatti, corrispondeva al percorso del defunto nell'aldilà ed il successo garantiva al vincitore la rinascita dopo la morte. L'importanza metafisica è testimoniata dalla menzione nel "Libro dei Morti", una sorta di Bibbia dei giorni nostri, che narra dei vincitori beneficiari della protezione di potenti dèi come Ra, Thoth e Osiride. Il gioco era particolarmente apprezzato dal Faraone e dalla sua Regina e le regole del gioco venivano tramandate nella famiglia reale di padre in figlio insieme con le strategie più efficaci per battere l'avversario. Il giovanissimo Faraone Tutankhamon (XVIII Dinastia, 1333-1323 a.C.), era un accanito giocatore di Senet ed amava intrattenersi a lungo in particolar modo con sua moglie Ankhesenamon. Pensate che quando Howard Carter e Lord

Carnarvon aprirono la tomba, rinvennero nel suo corredo funebre addirittura quattro tavolette di Senet complete!
Un'accezione molto diversa si ritrovava nell'utilizzo del prodotto da parte del popolo. Pur trattandosi di un gioco costruito per sole due persone, è logico ritenere che - fuori dai luoghi privati - si tenessero dei tornei ai cui vincitori spettassero forti somme di denaro oppure pane e birra che erano considerati cibi benedetti dagli dèi. Fu talmente un bestseller Senet da spingere gli artigiani a realizzarne versioni portatili da utilizzare durante gli spostamenti o nelle pause lavorative.

La tavola da gioco è formata da trenta caselle quadrate disposte su tre file di dieci caselle ciascuna. Lo scopo del gioco è di portare in salvo "nell'aldilà" tutti i propri pezzi oltrepassando la casella n.30. Questo significa che per salvare una pedina questa dovrà disporre di un lancio sufficiente a raggiungere la casella n.30 e superarla di almeno uno. Per far uscire una pedina dalla tavola di gioco è comunque sufficiente che questa abbia "soggiornato" almeno un turno nella casella n.30.
Senet quindi portava con sé numerosi aspetti oggi tipici dei videogiochi, in primis l'elemento di sfida e competizione in grado di dar vita a dei veri e propri tornei con importanti premi in palio. Ancor di più era portatore sano di un senso "sociale" in grado di andare oltre le pure dinamiche ludiche. Il faraone Tutankhamon, reso celebre da una vasta letteratura romanzata, spendeva molti pomeriggio dialogando con la moglie nel mentre di partite a Senet. In questo caso il gioco da tavolo diveniva un facilitatore di dialogo ed era ugualmente utilizzato da uomini e donne.

Nell'ottica di questo libro, è fondamentale l'avvicinarsi al gaming da parte di una platea totalmente estranea a questo passatempo. Facebook realizzò quasi inconsapevolmente, e senza costi, quello che i grandi produttori di hardware e software video ludico avevano invano tentato di fare nell'ultimo ventennio.
La giovane età del fenomeno ha impedito una standardizzazione dei termini base, ad oggi ciascun attore tenderà a dare una risposta non univoca rispetto al resto della filiera. Fermo restando l'estrema velocità di marcia dei giochi social, è indispensabile offrire alcuni punti fermi.
"Trattasi di giochi costruiti e disegnati per la distribuzione attraverso una piattaforma di social networking sfruttando le relazioni personali

esistenti tra i giocatori per rendere virale la diffusione e sociale la giocabilità divenendo di fatto oggetti di interazione sociale."

Che cosa differenzia un social game da un online game o da un gioco console con modalità connected?
 La risposta è semplice e immediata, nascono per essere giocati tra amici e conoscenti reali. Prendiamo *Halo Reach* di Microsoft e gli step necessari: acquisto, connessione online via Xbox Live Gold ed infine si sfidano persone spesso sconosciute. Nella concezione originale dei giochi Facebook si gioca con le medesime persone con le quali si è legati da vincoli di amicizia, parentali, affettivi o lavorativi. Questo è un ritorno alle origini, paradossalmente giocare online diventa un amplificatore di legami già esistenti.
Ogni definizione generica si presta facilmente a interpretazioni e critiche, per cui vale la pena connotare ulteriormente ciò che rende un gioco "social":

Accesso al **grafo sociale**: Piattaforme di social network come Facebook permettono allo sviluppatore di accedere al *"social graph"* del giocatore. Per la prima volta il gioco non viene calato dall'alto come frutto di un'elaborazione esterna al giocatore, ma è quest'ultimo che ne determina e influenza il dipanarsi. Tutti i dati del proprio profilo, dalla città alle foto passando per la lista dei contatti, diventano armonici con l'esperienza ludica aggiungendo una nuova dimensione finora estranea all'industria. Questa combinazione di dati personali può influire sia da un punto di vista estetico che funzionale. Prendiamo uno dei successi del 2009, *Restaurant City* di Playfish. Nel ristorante da gestire vi è la possibilità di assumere nostri amici reali, a schermo apparirà la loro foto e nome. Sebbene non vi siano ripercussioni sulle dinamiche di gioco, questo rappresenta un validatore psicologico di straordinaria portata. Affidare la pulizia dei locali ad un'amica "odiata" o metter in cucina il proprio partner favorisce l'utilizzo del prodotto. Sempre più spesso lo sviluppatore accede al grafo per sprigionare dinamiche funzionali, in grado di portare benefici concreti nell'avanzamento di un livello. E' il caso di *Farmville* di Zynga dove il numero di vicini di fattoria, necessariamente amici profilo Facebook, incide sullo stato di avanzamento del proprio ranch.

Esperienza **multiplayer** ed **asincrona:** Anche se lapalissiano, è bene ripetere che un gioco social è tale solo laddove è presente la possibilità d'interazione con altri giocatori, solitamente già presenti nella propria lista contatti. Un prodotto single player, sebbene disponibile su Facebook o Myspace, non porta con sé quell'esperienza d'interazione e socializzazione insita nel concetto che stiamo andando a circostanziare, rimanendo un vero e proprio web game distribuito in ambito social. Ovviamente anche il solo essere multiplayer non è un tratto distintivo ed anzi i social network rappresentano gli ultimi arrivati. Da ormai un decennio si gioca online partendo da *Ultima Online* per giungere a *Second Life*.

I due titoli sopra citati hanno come minimo comune denominatore il *real time*, migliaia di utenti che contemporaneamente operano ed interagiscono secondo le regole del gioco. Questa dinamica ben si presta in un contesto esclusivamente video ludico dove si lancia il client online o si punta una url con l'esplicita idea di interagire con numerosi altri giocatori con cui competere o cooperare. Bisogna altresì rilevare che un MMORPG richiede grande dedizione ed una curva di apprendimento solitamente lunga, impegnando il giocatore a investire decine o centinaia di ore per diventare realmente competitivo.

Facebook è diverso, non è una piattaforma da gioco e le persone vi si collegano per compiere un'infinità di azioni: chattare, aggiornare il profilo, pubblicare uno status e non per ultimo giocare. In generale la società moderna ci ha portato ad essere *multitasking,* compiere simultaneamente azioni diverse per ottimizzare il tempo a nostra disposizione. Facendo leva sulle mutate abitudini, gli sviluppatori di social game hanno colto le opportunità offerte dal modello *asynchronous gameplay*.

Agli albori della piattaforma nel 2007 emerse subito un gioco di gran successo dal nome *Scrabulous*, realizzato dai fratelli indiani Agarwalla. Questi due giovani appassionati di programmazione si approcciarono alla nuova piattaforma con l'idea di emulare uno dei loro giochi in scatola prefe-
riti. Proprio Scrabble rappresentò la base per dar vita ad un gioco in grado di garantire il proseguimento dell'esperienza ludica con i propri amici anche quando erano impossibilitati ad incontrarsi fisicamente in una casa. All'apice del successo le metriche parlavano di tre milioni di utenti registrati di cui circa 700.000 attivi giornalmente in questo gioco di parole, caratterizzato appunto da una meccanica asincrona che non richiedeva la presenza contemporanea online dei due sfidanti.
Tra le opzioni era possibile selezionare tre modalità basate sul timing di gioco. FAST abilitava solo partite in *real time*, MODERATE prolungava le partite fino a un massimo di due giorni ed, infine, SLOW dava vita a sessioni senza vincolo temporale.
La parabola dei due fratelli ventenni di Calcutta non ricalca alcuni modelli di successo insperato visti nei precedenti capitoli. Il grande successo attirò le attenzioni di Hasbro, proprietaria del brand, che chiese e ottenne la chiusura di quest'applicazione. I due provarono a ripartire da zero lanciando altri titoli che non riuscirono più a far breccia, mentre Scrabble fu rilasciato ufficialmente in due versioni, una pubblicata da Electronic Arts ed una da Real Network/GameHouse e conta attualmente quasi due milioni di utenti mensili.
 I più attenti e maliziosi potrebbero obiettare che i giochi asincroni, ad esempio dama e scacchi, sono da anni presenti nel portfolio di portali online come Miniclip o Pogo. Oggettivamente questo è innegabile ma vi è una sostanziale differenza. In *Scrabolous* si tendeva a giocare con amici e familiari contrariamente a quanto avviene nelle dame offerte sul web basate sulla scelta randomica dell'avversario da parte della CPU. Il giocare all'interno di un tessuto sociale preesistente diventa un momento di contatto, un pretesto per scambiare due chiacchiere con l'amico spostatosi in altra città per studiare o per rilassarsi sfidando il

partner durante una pausa di lavoro. Sfidare un estraneo ci priva di ragionamenti, intermezzi, pause, chiacchiere che spesso costituiscono l'elemento cardine di un'esperienza social. Analizziamo ad esempio una partita reale a poker tra amici; probabilmente molti giocatori riterranno più emozionante la fase preparatoria o le pause tra una sessione e l'altra durante le quali si può bere e sgranocchiare qualcosa, altri troveranno piacere nel trascorrere una serata tra amici lontani dai soliti problemi familiari, altri ancora troveranno gusto nello sfidare propri conoscenti di cui conoscono il modo di giocare o le espressioni facciali in caso di bluff.

Realizzare il punteggio più alto diventa quasi secondario rispetto al contesto in cui si trova a giocare, ebbene questa è la vera innovazione portata dal social game.

Sfidando la vostra fidanzata avreste mai il coraggio di uscire da una sessione di gioco incavolati neri? La risposta è no, perché il vostro comportamento da giocatore verrebbe giudicato negativamente anche dal punto di vista umano.

Ed in aggiunta come privarsi del gusto di sbeffeggiare il mio amico reale dopo averlo battuto in un gioco su Facebook? Questo esempio ci aiuta a capire i sentimenti che sono mossi da questa nuova tipologia di giochi: orgoglio, invidia, amicizia, amore e rabbia. Sono sentimenti tipici delle relazioni personali e si differenziano notevolmente dalle emozioni in genere suscitate dal gaming tradizionale single player: frustrazione, paura, suspense, avidità e piacere.

Free2play: Tutti i giochi fruibili via social network sono gratuiti e le piattaforme, contrariamente a quanto avviene in ambito console o mobile, non richiedono nessun tipo di pagamento o percentuale. Per trarne profitto gli sviluppatori hanno abbracciato in massa i virtual goods da acquistare mediante micro transazioni. Di questo se ne parlerà in un apposito paragrafo successivo.

Il gioco da Prodotto a Servizio

Nel biennio 2007/2008, grazie all'avvento di piattaforme aperte come Facebook ed App Store, si piantarono i semi di un cambio radicale nel rapporto tra produttore e consumatore. Un filo diretto viene ad instaurarsi con gli utenti che diventano parte attiva dei processi di testing ed evoluzione. I giochi non sono più "prodotti" ma "servizi ". Potrebbe sembrare una pura disquisizione semantica, invece è la rottura di un modo di concepire inveterato sin dagli albori dell'industria in ogni forma di distribuzione.

L'iconografia classica di un videogioco ci porta ad immaginare grandi team di sviluppo, formati da varie professionalità che spaziano dalla programmazione alla grafica passando per la musica, che lavorano alacremente per anni al fine di realizzare un prodotto console. Il lavoro viene cadenzato da delle *milestone* che il publisher/distributore impone a monte: fase alpha, fase beta per giungere alla tanto agognata fase gold. A questo punto inizia la masterizzazione su supporto fisico, impacchettato e reso disponibile nelle catene commerciali piuttosto che su siti di shopping online.
Lo sviluppatore termina il suo lavoro nel momento in cui il gioco arriva in commercio, a quel punto la palla passa totalmente in mano a figure marketing, PR e product manager che seguiranno il ciclo vitale cercando di ottimizzare le vendite mediante specifiche azioni marketing B2C (verso il consumatore) o B2B (verso il punto vendita). In genere le vendite "retail" si concentrano nel primo mese di vita quando tutti gli sforzi del Publisher giungono a compimento con recensioni, spot pubblicitari e posizionamenti premium sugli scaffali.

Questo è un classico esempio di ciclo vitale di un gioco "prodotto". Lo sviluppatore non ha nessun contatto con l'acquirente se non una mail generica spesso indicata nel libretto d'istruzioni. Paradossalmente si crea un qualcosa per un pubblico che non si conosce se non attraverso qualche report fornito da agenzie di ricerca. Terminato uno, si passa subito al successivo come all'interno di una grande catena di montaggio.

	Sviluppo	Relazioni	Vendite	Marketing
Prodotto	Il lavoro termina col rilascio del gioco	Nessun contatto con la customer base	Focus sul primo mese.	Budget milionari incentrati sul dayone
Servizio	Il lavoro "inizia" col rilascio del gioco	Continuo contatto con la customer base	Focus sull'intero ciclo vitale.	Budget limitato e focalizzato all'acquisizione cliente.

Figura 39 - GAAP e GAAS

Il servizio è un'attività o serie di attività di natura quasi sempre intangibile fornita al cliente per soddisfare le sue esigenze. Declinata al mondo del gaming, significa ch lo sviluppatore crea un rapporto diretto con la sua base utenza attraverso feedback, commenti ed analisi in tempo reale di un'infinità di metriche. Questa mole d'informazioni è utilizzata per aggiornare periodicamente il titolo in base alle sollecitazioni esterne. I giochi come servizio (GAAS) hanno trovato la massima espressione nelle produzioni Facebook.

Avete mai visto un sequel? Avete mai visto un gioco col suffisso 2010 o 2° capitolo?
La risposta è ovviamente no, perché un volta creato un titolo si lavora per migliorarlo ed espanderlo senza un limite temporale, tanto è vero che a distanza di tre anni troviamo nelle classifiche di utilizzo volti storici come il già citato Restaurant City. Questo è reso possibile non da una presa di beneficio del successo iniziale, ma da un continuo aggiornamento, spesso a cadenza giornaliera, del prodotto andando incontro all'evolversi delle esigenze del giocatore.
Tutto diventa estremamente veloce e volatile, lo stesso ciclo temporale di sviluppo passa da anni a mesi così come il budget necessario per arrivare al dayone passa dalle decine di milioni di euro (giochi console next gen) alle decine di migliaia di euro per un social game di medio spessore. Nel mondo Facebook i giochi sono una continua Beta che si evolve secondo la pianificazione preventiva del developer e le indicazioni seguenti della community, almeno fino a che le metriche indicheranno il prodotto come appealing da un punto di vista della monetizzazione.
Nei GAAS il potere della community è così forte da spingere alcuni giochi a cambiare radicalmente rispetto alla pianificazione dello

sviluppatore. Non sono rari i casi di giochi nati come simulazioni sportive e poi trasformatesi in manageriali ottenendo grandi successi dopo il flop iniziale. Questo è il nuovo mercato!
Se nel vecchi paradigma il criterio identificativo di un bestseller è il numero di unità vendute, in ambito web entrano in gioco sigle apparentemente complesse come A.R.P.U, M.A.U., Conversion Rate, LFT (Lifetime Value) e così via. Semplificando il discorso un gioco Facebook è di successo se il suo guadagno medio mensile generato da ciascun utente attivo è più alto del relativo costo di acquisizione. Se un utente spende nel gioco una media di cinque euro ed io ne spendo tre per acquisirlo, ho tra le mani un business vincente. Questo solitamente sta avvenendo grazie al vantaggio competitivo offerto dai canali virali Facebook, assenti nel mondo online. Produzioni come *Runescape* o *Second Life* solitamente necessitano di ingenti risorse marketing per attirare nuova utenza, di contro agli esordi del social game, la voce marketing era del tutto assente nei business plan elaborati da garage developer e prime start up.

E' un mercato ancora embrionale quello dei GAAS ma la strada sembra ormai segnata nell'ottica di vendere un gioco come prodotto ma gestirlo come un servizio.

Le Due Ere del Social Gaming

La rivoluzione sociale del gioco ha avuto inizio il 24 maggio 2007 quando Mark Zuckerberg, giovane CEO di Facebook, aprì la sua creatura ad aziende esterne. Da portale chiuso a Ecosistema Aperto dove chiunque poteva realizzare un'applicazione e condividerla con tutti gli utenti. Inizialmente l'iniziativa non ebbe molto credito tra le aziende tradizionali di videogiochi per via delle limitazioni tecnologiche e dell'assenza totale di un business model. Fino al 2009 i grandi publisher snobbarono la piattaforma lasciando campo libero ad un manipolo di utenti smanettoni e successivamente a start up (Zynga, Playfish…) focalizzate al 100% sulla creazione di social game.

Il biennio 2007/2008 potremmo connotarlo come l'**Era Virale**, un periodo in cui tutti potevano fare tutto senza alcun controllo da parte di

Facebook. Migliaia di applicazioni presero vita riuscendo a catturare milioni di utenti in pochissimo tempo senza alcun investimento in marketing e comunicazione. Dando uno sguardo ai giochi sembra di ritornare indietro negli anni 70, produzioni testuali con alcune immagini statiche rese possibili mediante il linguaggio php e relativo interfacciamento alle API messe a disposizione. Sia singoli individui che piccoli team lanciavano i progetti senza alcuna speranza di ritorno economico spinti unicamente da passione e desiderio di visibilità presso un bacino di cento milioni di utenti in continua crescita.

I grandi Publisher come Electronic Arts, Ubisoft, Take2, Activision hanno fatto fatica a comprendere questa rivoluzione. Sfogliando le classifiche dei top game Facebook ed iPhone nel 2007/2008 i soliti noti erano quasi del tutto assenti, impensabile per loro migrare da prodotto a servizio in così poco tempo. Diverso linguaggio di programmazione, scale economiche e temporali diverse, modelli commerciali asimmetrici erano alcuni dei deterrenti.

Una testimonianza inconfutabile la fornisce l'istituto di ricerca O'Reilly che nell'Ottobre 2007, cinque mesi dopo l'apertura della piattaforma Facebook alle terze parti, rilascia un grafico con i cinquanta *top developers per usage*, ovvero per numero di utenti attivi mensili.

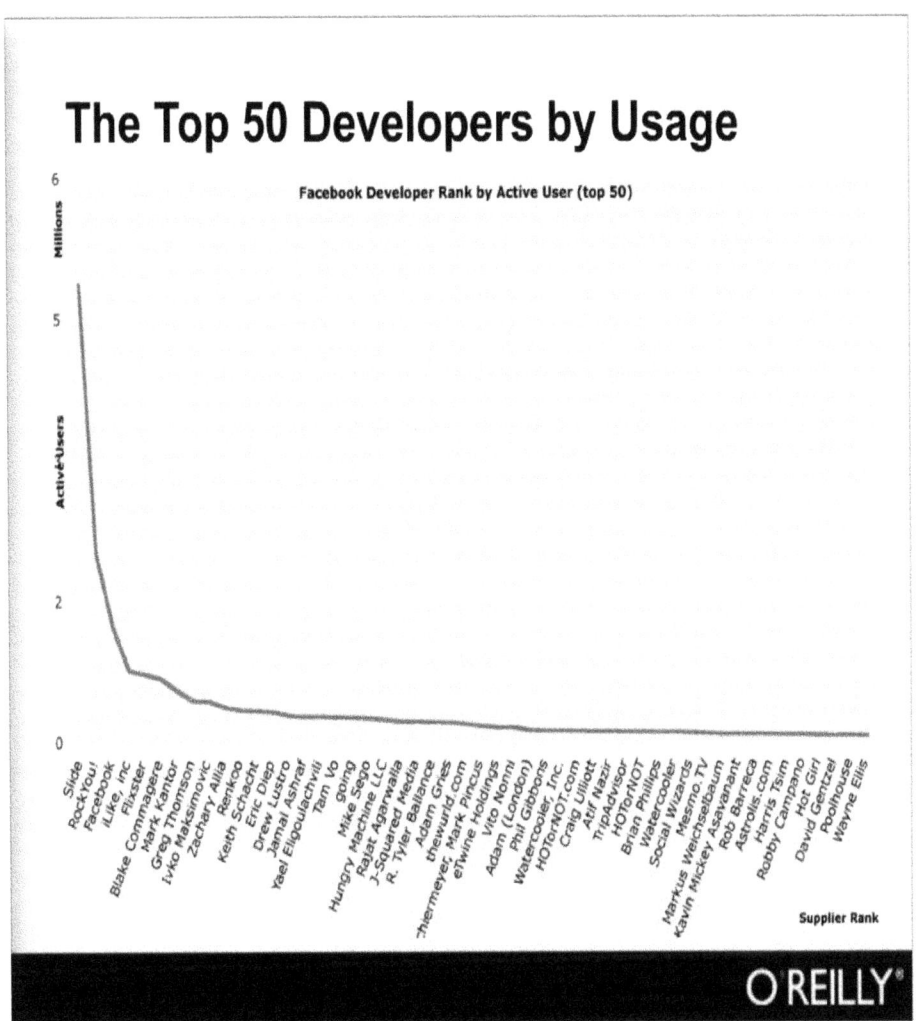

Figura 40 - Top 50 Dev Ottobre 2007 (fonte O'Reilly).

Circa il 70% degli sviluppatori in classifica rientra nell'ottica dei garage developer, categoria già vista nel caso di iShoot per iPhone. Persone che nel proprio tempo libero hanno programmato un'applicazione per puro divertimento trasformandola in un successo, non economico, con milioni di utenti mensilmente attivi. Il mondo inizia a dividersi in due tronconi, spesso non comunicanti tra loro. Nello stesso anno si assiste al rilascio di produzioni mastodontiche come *Halo 3* e *Call of Duty 4* ed al contempo a semplici interazioni ludiche auto prodotte e finanziate.

La pubblicazione di questi ed altri dati riaccese l'antico dibattito sulla dicotomia hardcore e casual gamer. Sebbene in crescita, il fenomeno dei giochi flash e dei casual online game non aveva, fino allora, mai eroso i profitti in continua crescita dell'industria video ludica tradizionale. Qualcosa iniziava a cambiare, emblematica una dichiarazione rilasciata nel 2007 da Bobby Kutick, CEO di Activision a proposito del futuro della sua azienda.

"Figuring out how to make the game experience more fun than any one of a hundred Facebook applications is going to be a challenge."

Un attacco frontale del padre di Call of Duty, uno dei franchise più venduti al mondo, nei confronti di un'industria in fase di fioritura.
Perché accanirsi nello screditare un nuovo mercato visto come popolato di migliaia di giochi di scarsa qualità?

I primi timori iniziavano a serpeggiare non tanto per paura di cadute economiche quanto di concorrenza nel tempo libero tra un'ampia platea di pubblico. Se è vero che nel 2007 i giochi social non avevano ancora individuato un modello **valido di monetizzazione, è altresì vero che il tempo medio speso dagli utenti Facebook nei giochi iniziava a essere significativo. Più tempo si passa in attività social, meno se ne ha per compiere altre azioni**, specie si complesse e impegnative come quella di video giocare su una console.

Anche su Facebook riscontriamo una tendenza analoga ad altre piattaforme non gaming, i giochi si collocano ai primi posti per gradimento ed utilizzo da parte della customer base. Se in App Store la categoria giochi rappresenta la più voluminosa e redditizia, su Facebook circa la metà dei cinquecento milioni di utenti ha giocato o gioca. Giornalmente sono cinquantasei milioni gli utenti che giocano sul social network, quasi l'intera popolazione italiana. Mensilmente, invece, sono 256 milioni i giocatori attivi, numero equivalente agli abitanti degli Stati Uniti!

Migliaia di applicazioni vengono rilasciate mensilmente sulla piattaforma favorite dalla totale gratuità per gli sviluppatori di accedere alle API e alla distribuzione Facebook ed al contempo dalla propensione

dell'utenza a provare decine di nuovi titoli totalmente gratuiti. Il giocatore diviene al contempo fruitore e promotore dell'app a cui si appassiona mettendo a disposizione il proprio profilo ai fini della crescita virale. Chiunque abbia un account su un social network avrà notato l'inflazione di inviti, feed sulla propria home page, inviti a giocare ed altre formule in grado di aiutare la crescita di un gioco portandolo spesso a raggiungere un milione di utenti in pochi giorni.
La differenza tra pubblicare una stessa applicazione con API Facebook integrate e senza? Un bel moltiplicatore X7, laddove nel vasto mondo online si raggiungessero le 150.000 installazioni, su Facebook il risultato sarebbe prossimo al milione di utenti.

Questo dato non deve sorprendere, esistono significativi esempi anche al di fuori del mondo gaming. Il famoso sito d'aste internazionale Ebay.com è diventato l'hub di partenza per milioni di persone che hanno avviato una propria attività di commercio elettronico. Giornalmente ben 3 milioni di oggetti passano di mano grazie agli oltre 90 milioni di utenti attivi in grado di generare, nel 2009, transazioni per $ 60 miliardi, ovvero $2000 per secondo!!!!

Prima della diffusione di questo marketplace americano l'unica scelta percorribile era registrare un dominio internet creandovi sopra una struttura e-commerce inizialmente anche molto costosa. Si pensava che internet offrisse spontaneamente un bacino internazionale di utenza per i propri prodotti, un equivoco di fondo che portò al crack numerose aziende nate in clima di new economy. Ebay ha portato una parziale soluzione, centralizzando domanda e offerta a livello mondiale. Creato il proprio canale di vendita è possibile beneficiare di una immediata visibilità tra milioni di utenti senza necessità di inserire nel proprio business plan la voce marketing, altresì fondamentale nel lanciare un portale di e-commerce proprietario. Il parallelismo calza immediato, su Facebook avviene tutto questo e per giunta non viene richiesto alcun fee sulle transazioni. Ebay è il paradiso per i mercati di nicchia ed in generale per gli acquisti a basso costo, difficilmente un utente abituato a vestire griffato sceglierà il marketplace digitale come suo hub preferenziale, tendendo a visitare siti monotematici come ad esempio Yoox in Italia.

L'anno di esordio fu contraddistinto da molta incertezza e sperimentazione, nessuno sapeva come si sarebbe evoluta la piattaforma e tantomeno i gusti dei navigatori Facebook. In questo clima di grande euforia si vennero a delineare tre tendenze di sviluppo che potremmo sintetizzare in easy, medium e hard ad intendere il grado di integrazione con i meccanismi di Facebook.

Easy: sono tutti quei giochi pensati come meri porting di prodotti già esistenti online senza ristudiarne il gameplay ed i meccanismi in chiave sociale. Sostanzialmente si trattò di titoli single player la cui esperienza non veniva minimamente condivisa con il resto dei propri amici di network, salvo alcune opzioni come la leaderboard e high score. Sicuramente non possono essere annoverati nella schiera dei social game, secondo la definizione data ad inizio capitolo, ma non per questo non ottennero successo almeno nel periodo iniziale.

Jetman, ad esempio, fu sviluppato da Simeon Dorsey un ragazzino diciannovenne nato e cresciuto in una cittadina di campagna del Winsconsin. Un perfetto autodidatta che riuscì a sfornare un hit che raggiunge oltre 2 milioni di installazioni introducendo per la prima volta leaderboard e personaggi sbloccabili in un gioco Facebook, questo gli valse nel 2008 l'assunzione/acquisizione nell'emergente social media company SGN, ma questa è un'altra storia. Il gioco, ottenne ben presto una grande popolarità a dispetto della sua estrema semplicità e della rudezza grafica.

Il concept, adattamento dell'Helicopter Game, portava il giocatore a guidare un jet man, appunto, all'interno di una caverna dove schivare ostacoli rettangolari semplicemente muovendo su e giù il mouse. A rendere maggiormente variegata l'azione contribuivano oggetti e jet man sbloccabili mediante una moneta virtuale ottenibile invitando nuovi amici. Il successo del prodotto venne ulteriormente rafforzato dal suo utilizzo da parte di Mark Zuckerberg, alcuni siti internet americani estrapolarono una immagine del profilo del giovane CEO di Facebook dove venivano totalizzati ben 1942 punti, non male per quel tipo di gioco.

Medium: Sono titoli che, pur essendo riproducibili in ambienti esterni a Facebook, integrano alcuni aspetti virali e sociali all'interno di meccanismi multiplayer asincroni o basati a turni. *Warbook*, è un ottimo esemplare di gioco di ruolo tanto in voga nel primo biennio Facebook. Lanciato nell'Agosto 2007 da SGN, team sconosciuto alle cronache video ludiche, riuscirà nel giro di 4 mesi, e senza 1 euro di marketing, a raggiungere la ragguardevole soglia delle 800.000 installazioni e 70.000 utenti attivi giornalmente senza tralasciare le 15 milioni di pagine viste giornalmente ad un mese dal rilascio. All'intero di questo regno virtuale dove è necessario lavorare per guadagnare oro utilizzabile per espandere i propri possedimenti, allestire un esercito per poi decidere se proseguire pacificamente stringendo alleanze con altri giocatori o dichiarare guerra al vicinato.

Warbook non fu un prodotto innovativo, SGN ebbe unicamente il merito di portare ed integrare su Facebook un prodotto che tranquillamente poteva esistere in ambito web e mobile web.

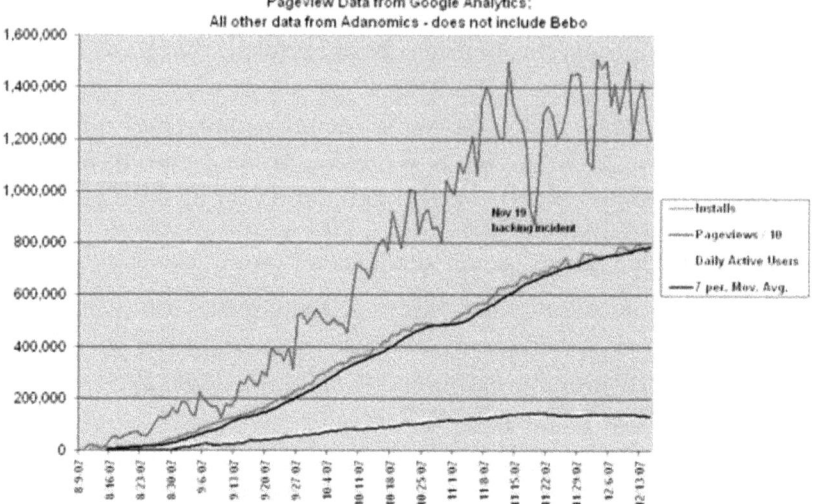

- **Warbook: 800k installs, 70k DAU**

Figura 41 - Il successo di Warbook nel 2008 (fonte GDC2008).

Hard: Un vero social game è tale solo se in grado di soddisfare la seguente domanda. Sarebbe riproducibile all'infuori di un social network? Se la risposta è no, allora è una potenziale killer application. Un esempio perfetto è rappresentato da *Parking Wars*, nato come semplice *advergame* per la promozione di una nuova serie TV americana chiamata appunto Parking Wars e poi assurto agli onori della cronaca per il suo gameplay estremamente coinvolgente.

Installata l'applicazione si entra in possesso di un paio di auto da parcheggiare nelle strade dei propri vicini prestando ben attenzione a particolari divieti come il non parcheggiare, spazio riservato a sole auto rosse e così via. Parcheggiando legalmente si guadagnano dei soldi utilizzabili per acquistare nuove vetture, parcheggiando illegalmente, invece, si corre il rischio che il proprietario di quella strada ci infligga una sanzione laddove si accorga dell'effrazione.

Questo fu uno dei primi giochi a strizzare l'occhio ad una massificazione consapevole attraverso la sperimentazione di nuovi modelli di game design che diventeranno consuetudinari negli anni a venire. Innanzitutto viene introdotta una logica di urgenza temporale nelle azioni del giocatore, spingendolo inesorabilmente a rientrare diverse volte a giorno nell'applicazione. Mentre in *Jetman* o *Scrabolous* non vi è nessun vantaggio/svantaggio nell'ingresso quotidiano, *Parking Wars* stimola gli utenti a vigilare costantemente sul proprio pezzo di strada nella speranza di punire qualche trasgressore, guadagnando così nuovi soldi, e di trovare parcheggio adeguato per le proprie vetture. Ancora più importante è l'aspetto sociale, si è quasi obbligati a invitare nuovi amici nel gioco al fine di poter avere ulteriori slot di parking in un crescendo di viralità.

Interagire con amici reali permette di conoscerne le abitudini per trarne un vantaggio competitivo. Ammettiamo di essere un giocatore italiano ed avere in lista un amico americano, sarà possibile sfruttare le ore in cui sappiamo esser notte oltreoceano per parcheggiare l'auto illegalmente nella sua strada o ancora abbiamo un amico che si prende una lunga pausa pranzo lontano dal PC o ancora un amico che per 1 mese sarà senza internet, tutte situazioni irrealizzabili sfidando persone estranee in un online game o su console.

Svariate sessioni di pochi minuti tennero 400.000 giocatori incollati nei soli primi 2 mesi rendendolo uno degli advergame meglio riusciti di tutti i tempi. Il gioco calza a pennello con i *behaviours* degli utenti Facebook che sembrano compiere sessioni di log in medie intorno ai 13 minuti ripetute svariate volte nel corso della giornata. La natura stessa della customer base blocca a monte l'avvento di MMO pesanti, dando vita ad un fiorire di giochi asincroni e a turni in grado di offrire una esperienza paragonabile a quella dello sgranocchiare uno sneak mentre si è impegnati in tante altre attività.

A titolo di curiosità è interessante segnalare come *Parking Wars* sia stato uno dei primi giochi ad introdurre massicciamente il concetto di Badge da conquistare, oggi estremamente in voga grazie al fenomeno Foursquare.

Nome Badge	Obiettivo
Masochism	Received 25 max value tickets
Untouchable (Bronze)	Completed 25 consecutive cash-ins without getting a ticket
Untouchable (Silver):	Completed 100 consecutive cash-ins without getting a ticket
Untouchable (Gold):	Completed 500 consecutive cash-ins without getting a ticket
Merciless	$50,000 worth of tickets given out in 24 hours or less
Obsession	25 consecutive tickets given out to cars of the same color
The Night Watch (Bronze):	5 tickets given between 12AM - 1AM
The Night Watch (Silver)	15 tickets given between 12AM - 1AM
The Night Watch (Gold)	50 tickets given between 12AM - 1AM
Quick Draw	5 tickets given out in 5 minutes or less
The Regular Customer	Completed 20 consecutive max-value cash-ins on same street
Monochrome	Parked the final car on a street filled with cars of the same color
Rainbow	Parked the final car on a street filled with cars of all different colors
The Outlaw	5 of your cars parked illegally on the same street at the same time
Eagle Eye (Bronze)	5 tickets of $110 or less given
Eagle Eye (Silver)	15 tickets of $110 or less given
Eagle Eye (Gold)	50 tickets of $110 or less given
Vendetta	100 tickets given to same person
The Flirt	Received 25 tickets with a <3 in the comments
Ultimate Parking Warrior	Earned all of the Parking Wars badges

Figura 42 - Badge di Parking Wars.

Non tutti gli sviluppatori seppero fare buon uso degli strumenti virali messi a disposizioni generando una valanga di notifiche e spam che spinse progressivamente Facebook a limitare l'accesso alle Api della piattaforma. L'obiettivo era quello di incentivare i Publisher a creare prodotti originali in grado di diventare sociali a mezzo gameplay. Questo nuovo momento si può sintetizzare come l'**Era dei "recognition game".** I nuovi leader di settore puntano forte su quei generi in grado di riprodurre dinamiche di vita quotidiana. E' un fiorire improvviso di manageriali in cui gestire un acquario, uno zoo, un ristorante, un negozio, una fattoria o una città. Spesso molto simili tra loro, questi titoli riescono a raggiungere milioni di utenti ad una velocità impressionante contribuendo alla crescita di nuove start up come l'inglese Playfish (acquisita da Electronic Arts) e le americane Zynga e Playdom (acquisita da Disney).

Top 25 Facebook Games for January 1, 2009

Rank	Game	Monthly Actives	Developer	MAU Change	(Last Month)
1	Texas HoldEm Poker	7,273,638	Zynga	1,404,733	5,868,905
2	Pass A Drink	5,914,932	socialreach.com	2,086,148	3,828,784
3	Lil Green Patch	5,851,484	Green Patch	-181,654	6,033,138
4	Pet Society	4,972,175	Playfish	1,154,003	3,818,172
5	Who Has The Biggest Brain	3,697,471	Playfish	286,562	3,410,909
6	Word Challenge	3,524,031	Playfish	242,978	3,281,053
7	Geo Challenge	3,406,422	Playfish	67,125	3,339,297
8	Bowling Buddies	3,303,068	Playfish	269,210	3,033,858
9	YoVille	3,002,407	Zynga	-122,532	3,124,939
10	Snowball Fight!	2,974,115	AppSynchInc	1,344,104	1,630,011
11	Mafia Wars	2,686,053	Zynga	384,083	2,301,970
12	Kidnap!	2,637,138	Context Optional	-587,375	3,224,513
13	Mob Wars	2,426,807	David Maestri	101,266	2,325,541
14	Friends For Sale	2,383,303	Serious Business	-170,751	2,554,054
15	Owned!	2,196,281	Coolapps.com	-480,788	2,677,069
16	(Lil) Blue Cove	2,157,634	Green Patch	21,272	2,136,362
17	MindJolt Games	1,549,591	MindJolt.com	39,403	1,510,188
18	Tetris Friends	1,453,116	Tetris Online Inc	227,731	1,225,385
19	myFarm	1,403,235	playSocial	-445,324	1,848,559
20	Nicknames	1,282,872	SGN	-176,875	1,459,747
21	Sea Garden	1,088,978	Mob Science	-254,362	1,343,340
22	KickMania!	1,083,302	TheBroth	-232,507	1,315,809
23	Pokey!	1,000,217	Bonehead Labs	-26,585	1,026,802
24	Speed Racing	966,044	RockYou	-233,341	1,199,385
25	Scramble	956,030	Zynga	N/A	N/A

InsideSocialGames.com

Figura 43 - TOP 25 Giochi Gennaio 2009 (fonte InsideSocialGames)

Top 25 Facebook Games for January, 2010

Rank	Game	Monthly Actives	Developer	MAU Change	(Last Month)
1	FarmVille	75,476,475	Zynga	1,623,688	73,852,787
2	Birthday Cards	40,006,340	RockYou	7,675,864	32,330,476
3	Café World	30,264,162	Zynga	-865,621	31,129,783
4	Happy Aquarium	27,672,775	CrowdStar	166,451	27,506,324
5	FishVille	25,221,818	Zynga	264,550	24,957,268
6	Texas HoldEm Poker	25,043,598	Zynga	2,748,782	22,294,816
7	Mafia Wars	24,398,295	Zynga	-445,403	24,843,698
8	Pet Society	18,946,228	Playfish	-2,242,621	21,188,849
9	PetVille	17,951,764	Zynga	4,260	17,947,504
10	Zoo World	16,206,134	RockYou	5,861,022	10,345,112
11	MindJolt Games	16,081,113	MindJolt.com	1,287,936	14,793,177
12	YoVille	14,760,351	Zynga	-2,359,005	17,119,356
13	Restaurant City	14,350,385	Playfish	-1,445,924	15,796,309
14	Pillow Fight	13,691,179	Shikha	4,890,629	8,800,550
15	Farm Town	13,028,899	Slashkey	-3,735,794	16,764,693
16	Happy Pets	10,700,574	CrowdStar	-1,366,122	12,066,696
17	Happy Island	10,349,412	CrowdStar	4,847,571	5,501,841
18	Bejeweled Blitz	9,447,691	PopCap Games	-639,173	10,086,864
19	Country Life	8,017,883	Country Life	2,177,220	5,840,663
20	Island Paradise	7,521,565	Meteor Games	79,868	7,441,697
21	Roller Coaster Kingdom	7,162,696	Zynga	-4,414,938	11,577,634
22	Bumper Sticker	6,640,519	LinkedIn	N/A	N/A
23	Tiki Farm	6,143,715	Playdom	N/A	N/A
24	Sorority Life	6,111,378	Playdom	-465,170	6,576,548
25	Fish World	6,107,978	TallTree Games	-2,950,907	9,058,885

InsideSocialGames.com

Figura 44 - Top 25 Giochi Gennaio 2010 /fonte InsideSocialGames)

Top 25 Facebook Games for January 2011

Rank	Game	Monthly Actives	Developer	MAU Change	(Last Month)
1	CityVille	80,014,186	Zynga	80,003,901	10,285
2	FarmVille	57,850,710	Zynga	4,112,401	53,738,309
3	Texas HoldEm Poker	35,389,609	Zynga	695,408	34,694,201
4	FrontierVille	30,116,382	Zynga	844,969	29,271,413
5	Mafia Wars	19,359,557	Zynga	-1,660,067	21,019,624
6	Café World	17,942,343	Zynga	1,063,498	16,878,845
7	Treasure Isle	14,518,097	Zynga	1,525,598	12,992,499
8	Millionaire City	12,701,320	Digital Chocolate	-16,648	12,717,968
9	Pet Society	12,243,474	Playfish	-20,960	12,264,434
10	Bejeweled Blitz	11,744,536	PopCap Games	-83,366	11,827,902
11	MindJolt Games	10,548,119	MindJolt	19,818	10,528,301
12	Happy Aquarium	9,630,913	CrowdStar	-228,069	9,858,982
13	City of Wonder	8,578,225	Playdom	2,134,385	6,443,840
14	Zoo World	8,377,254	RockYou	270,551	8,106,703
15	PetVille	8,294,159	Zynga	-607,480	8,901,639
16	Restaurant City	7,898,942	Playfish	-7,993	7,906,935
17	Car Town	7,245,151	Cie Games	32,060	7,213,091
18	It Girl	6,851,306	CrowdStar	1,268,272	5,583,034
19	Games	6,798,135	GSN	582,029	6,216,106
20	Zuma Blitz	6,732,976	PopCap Games	6,632,368	100,608
21	Crime City	6,649,621	Funzio	392,794	6,256,827
22	YoVille	6,214,234	Zynga	216,726	5,997,508
23	Mall World	6,094,873	50 Cubes	250,321	5,844,552
24	Kingdoms of Camelot	5,999,052	Kabam	442,712	5,556,340
25	Happy Pets	5,944,251	CrowdStar	-430,861	6,375,112

InsideSocialGames.com

Figura 45 - Top 25 Giochi Gennaio 2011 (fonte InsideSocialGames)

Le tre figure 60-61-62 mostrano l'evoluzione tra il Gennaio 2009 ed il Gennaio 2011 dei giochi più utilizzati su Facebook. Il primo dato che sorprende è l'incredibile allargamento del bacino di utenza. *Texas Hold Em Poker* di Zynga contava quasi un milione e mezzo di utenti ad inizio 2009, mentre la classifica aggiornata al gennaio 2011 vede *CityVille* a 100 milioni in data 13 Gennaio. Nel giro di due anni il numero uno in classificata ha quasi decuplicato l'utenza divenendo il gioco con più utenti nella storia di ogni piattaforma. Questo risultato non nasce per caso ma è la conseguenza diretta di un nuovo modo di disegnare i giochi per abbracciare un pubblico omnicomprensivo che, anzi, trova il suo segmento chiave nelle donne sui quaranta anni. Da sempre estranee alle logiche console e solo parzialmente attratte dal gioco su telefonino, hanno trovato nei social game un passatempo in grado di toccare corde come amicizia, responsabilità e orgoglio.

E' possibile delineare alcuni generi, e sotto generi, particolarmente adatti alle dinamiche sociali:

Manageriali "agresti": Gli antichi valori e lavori contadini tornano al centro di numerosi giochi di successo. Il filone sicuramente più prolifico è quello dei "Farmgames": *Country Story* di Playfish, *Happy Farm* di Five Minutes, *Farm Town* di Slashkey e *MyFarm* di Take(5)Social. Il genere non nasce certo nel XXI secolo, già nel 1993 Maxis rilasciò su PC *SimFarm* seguito nel 1996 da *Harvest Moon* su Super Nintendo. Eppure dal 2008 questo genere di giochi ha riscosso un successo mondiale sia su Facebook con il picco di 80 milioni di utenti attivi mensilmente in Farmville che in Cina con Happy Farm, giocato da circa il 20% della popolazione internet locale!

Un successo senza precedenti per un genere, apparentemente sena pretese. Una chiave di lettura la forniscono i mutamenti intercorsi nell'ultimo secolo nella società occidentale e nell'ultimo ventennio nella società cinese. Da una economia agricola si è passati ad una industriale, milioni e milioni di individui sono migrati dalla campagna alla città. Nessuna rivoluzione è indolore, una alienazione di fondo ha pervaso questo nuovo ceto in via di formazione all'interno di un paesaggio composto da capannoni, auto, smog e grattacieli. I Farmgames aiutano a riportare indietro le lancette dell'orologio verso quel mondo semplice e puro fatto di immani sforzi ricompensati da un senso di socialità ormai perso nel contesto urbano. Impossibilitati a rivivere realmente quei posti e sapori, investono tempo, e spesso soldi, nel ricreare un ambiente ideale.

Nell'immensa offerta dei giochi social non mancano esempi creativi come *My Vineyard* di Playdom e *Vineyard Country* di Ubisoft. In questi titoli, grano e mais vengono sostituiti dai vitigni e seguente produzione di vino.

I videogiochi tradizionali hanno avuto successo grazie alla loro straordinaria abilità di calare il giocatore in un mondo parallelo lontano dalla monotonia e stress del vivere. Paradossalmente il successo di questa nuova generazione di recognition game si basa proprio sulla routine e senso di responsabilità.

L'esempio più evidente, come si è già accennato, è *Farmville*, una simulazione di fattorie dove al giocatore viene richiesto di piantare semini, creare il proprio ranch ed aggiungere il maggior numero di vicini così da aiutarli/essere aiutati nel migliorare sempre di più la proprietà nel corso del tempo. Questo gameplay, apparentemente banale, richiede un gran lavoro del giocatore. Non sarà lo sforzo fisico di un contadino del Novecento armato di zappa e rastrello, ma centinaia e centinaia di click da effettuare ad orari pre-stabiliti per dissodare il terreno o raccogliere i frutti. Basta una minima disattenzione e le erbacce prenderanno il sopravvento o il raccolto andrà a male provocando mancati introiti di FarmCash – moneta virtuale in uso nel gioco - e la disapprovazione dei vicini subito pronti a giudicare. Questo senso di responsabilità cresce man mano che la stratificazione amicale prende consistenza. Quanti di voi hanno ricevuto regali virtuali ed inviti provenienti da Farmville? O a vostra volta avete esortato la lista di amici ad unirsi al gioco?

La presenza di un numero consistente di amici, colleghi e familiari attanaglia il giocatore a rispettare un criterio tutto nuovo di reciprocità. In una partita multiplayer via Xbox Live a Pro Evolution Soccer niente ci vieta di interrompere la gara in qualsiasi momento a causa di un sopraggiunto impegno o il non voler assaporare il gusto amaro della sconfitta. La presenza di uno sconosciuto dall'altra parte dello schermo attenua i sensi di colpa. Discorso diametralmente opposto all'interno di un ambiente amicale dove un gran numero di conoscente stanno condividendo una esperienza ludica. Sebbene nessuna regola del gioco obblighi alla reciprocità, diventa impossibile non rispondere ad un virtual gift con un virtual gift. Una collega d'ufficio che premurosamente passa ogni giorno nella vostra fattoria ad aiutarvi nella mietitura non può che stimolare la reciprocità onde evitare complicazioni reali per dissidi virtuali. Questo modo di ragionare è un punto di contatto tra reale e digitale. Si pensi al Natale ed al rito di scambiarsi i regali sotto l'albero.

Al centro di questo mondo vi è il senso di community. Molti casual social gamer, soprattutto donne, conferiscono maggiore importanza alla socializzazione che agli aspetti intrinseci del gioco. Il successo di molti titoli che si andranno ad esaminare risiede proprio in questo aspetto psicologico che spinge gli utenti a compiere azioni come: pubblicare un newsfeed, invitare nuovi amici nel gioco, cooperare, condividere e regalare. E' l'idea stessa di una appartenenza ad un club a rinforzare l'esperienza nei recognition game, ovviamente un club perennemente aperto e pronto alla cooptazione.

Restaurant Games: Nella Top 25 Gennaio 2011 trovan posto i due emblemi di questo genere. Nonostante i due anni di anzianità, *Restaurant City* di Playfish e *Cafe World* di Zynga, continuano ad attrarre oltre 25 milioni di MAU, senza contare le altre decine di prodotti similari. Il meccanismo rievoca *DinerDash* di PlayFirst, il primo manageriale del genere a sfondare nel grande pubblico nel 2004 in ambito online e poi mobile gaming. Al giocatore viene richiesto di gestire un bar/ristorante occupandosi di ogni aspetto della sua gestione: preparazione bevande/pietanze, gestione personale, relazione con i clienti allo scopo di espandersi sempre più. Sul gameplay collaudato si innescano dinamiche puramente sociali, ad esempio vi è la possibilità di assumere come cuoco o cameriere un nostro amico reale su Facebook. Veder muoversi un proprio collega in cucina con tanto di sovrascritta di nome e cognome ed immagine profilo nella parte bassa rappresenta sicuramente uno stimolo psicologico ulteriore alla prosecuzione.

Niente di più vicino al concetto di *"Recognition Games"*. Recarsi in un bar o in un ristorante è una attività quotidiana sia che si prenda un semplice cafè al mattino o si organizzi una cena romantica di coppia. Questo, insieme al sogno comune di gestire un locale, ha contribuito all'enorme diffusione virale di questi titoli soprattutto tra il mondo femminile.

Pet Caring: Dopo il successo del Tamagotchi, l'industria video ludica capì che il genere era un potenziale bestseller. Su larga scala il risultato più eclatante lo ottenne Nintendo col lancio di Nintendogs sulla sua console portatile DS. Tra il 2005 ed oggi sono oltre venti milioni le unità vendute dimostrando l'appeal mass market di un prodotto che ha contribuito alla massificazione della console, portando tra i giocatori un numero elevate di non giocatori. Il prendersi cura di essere umani e/o animali è diventato familiare anche su Facebook. Giochi come *Pet Society* di Playfish, *PetVille* di Zynga e *Happy Pets* di Crwdstar fanno volutamente leva sull'istinto insito in tutti noi del prendersi cura di esseri piccoli e indifesi. Soprattutto nel bacino femminile il genere ha attecchito in maniera vigorosa dando libero sfogo al tempo libero di mamme casalinghe, annoiate durante le ore in cui la prole è in asilo o a scuola. In considerazione del target di riferimento gli sviluppatori non hanno incluso la morte come opzione per l'avatar su schermo proprio per dar vita esclusivamente a dinamiche premianti e sentimenti positivi.

Acquari e Zoo Virtuali: Dopo l'invasione dei giochi di fattoria è stato il turno degli acquari virtuali. Nel giro di pochi mesi sono stati lanciati titoli da milioni di utenti: *Top Fish* di Slide, *FishVille* di Zynga, *Happy Aquarium* di Crowdstar, *Fish World* di TallTree Games, *My Fishbowl* di Happy Elements e *Fish Life* di Clipwire Pte. Una inflazione che trova spiegazione nell'immediato successo di questo genere sostanzialmente sconosciuto prima di allora alle cronache video ludiche. Come recita il nome stesso dei titoli, al giocatore viene chiesto di gestire una riproduzione virtuale di un acquario con tutti i relativi obblighi annessi. Bisogna scegliere i pesciolini, dar loro da mangiare, pulire l'acquario, scegliere i componenti del fondale ed amenità simili.

Shopping game: Nel 2010 hanno fatto capitolino una serie di giochi dedicati all'esperienza dello shopping. Ai giocatori, o meglio alle giocatrici, viene offerta la possibilità di gestire interamente un negozio di abbigliamento come in *Mall World* o svaligiare boutique all'ultimo grido in It *Girl*. Giornalmente vengono inseriti decine di nuovi oggetti dalle scarpe alle borsette passando per il vestiario e la fantasia si accende dando vita ad abbinamenti e stili in grado di riflettere la propria personalità. Questo genere di giochi si riallaccia al fenomeno "reale" dell' "Entertainment Shopping". Nuove start up che mirano a rendere divertente e sociale l'esperienza di shopping, vedere Polyvore.com per credere!

SimCity Game: Il genere dei manageriali cittadini ha sempre esercitato un grande fascino sui giocatori. Divenire sindaco di una città composta da vostri amici reali è un qualcosa di tremendamente eccitante ed è alla base del successo di *CityVille* e *Millionaire City* di Digital Chocolate, azienda finlandese già vista come nel capitolo sul mobile gaming.

Hotel Game: Dopo i ristoranti, negozi, acquari e fattorie anche le strutture ricettive hanno avuto il momento di gloria con titoli come *Hotel City* di Playfish e *Happy Hotel* di Playgrab. Lo scopo di questi titoli è quello di costruire un hotel e prendersi cura di tutto dalla creazione delle stanze, alla loro decorazione, alla pulizia, al mantenimento della struttura e molto altro.
L'elenco di generi e sotto generi ricollegabili alla definizione di "Interface Games" potrebbe continuare a lungo, praticamente ogni aspetto riconducibile alla vita reale è stato riprodotto su Facebook anche se l'offerta è molto più variegata. Questo spostamento della prospettiva ha diminuito la capacità di innovazione dei grandi Publisher tipica della prima fase virale. La tendenza è quella di avvicinarsi sempre più alle produzioni console sia per quanti riguarda il budget di sviluppo che per la complessità grafica. Fino ad oggi i giochi social si basavano su engine 2D o 3D isometrico nel tentativo di rendere il più casual e immediata possibile l'esperienza di gioco, il tutto condito da una esperienza asincrona. Alcuni sviluppatori stanno lentamente colmando il gap, l'obiettivo è colpire la schiera di giocatori hardcore presente nel social network. Si pensi all'Italia dove circa 19 milioni di persone hanno un account Facebook (metà dei possessori di abbonamenti web), tra loro vi sono sicuramente numerosi giocatori console. Proprio questo segmento rappresenta una nicchia importante di monetizzazione, gente abituata a spendere per giocare! Per avere una idea è sufficiente installare il nuovo PGA Tour Golf Challenge di Electronic Arts, splendida simulazione di golf totalmente in 3D.

Bejeweled Blitz e *Blitz Zuma* di PopCap Games sono gli unici due titoli di derivazione esterna presenti nella TOP 25, mentre in Top 10 nessuno. La classifica è ancora interamente dominata da produzioni originali frutto di dinamiche di interazione totalmente nuove o rielaborazione di concept del passato. In netta contro tendenza con la "brandocrazia" da anni imperante nel mondo video ludico tradizionale e sempre più presente anche nella realtà dei giochi per cellulare. I primi esperimenti di porting diretto da console a Facebook non sembrano portare un valore aggiunto, probabilmente in considerazione di un bacino di fruizione totalmente nuovo rispetto alle logiche del giocatore tradizionale. Nel corso del 2010 hanno comunque fatto capitolino EA Sports Fifa, Madden Football, Spartacus e CSI, ottimi titoli che pur nel loro successo non sono riusciti a modificare le abitudini dei giocatori più attenti al gameplay che al marchio dietro al prodotto.

Posizione	Titolo	Brand/Sequel?	Piattaforma	Editore
1	Gran Turismo 5	Si	PS3	Sony
2	Kinect Adventures +Kinect	No	Xbox 360	Microsoft
3	Just Dance 2	Si	Wii	Ubisoft
4	CoD: Black Ops	Si	PS3	Activision/Blizzard
5	Assassin's Creed Brotherhood	Si	PS3	Ubisoft
6	PES 2011	Si	PS3	Konami
7	PES 2011	Si	PS2	Konami
8	Wii Fit Plus + Balance Board	Si	Wii	Nintendo
9	Fifa 11	Si	PS3	Electronic Arts
10	EA Sports Active Personal Trainer	No	Wii	Electronic Arts

Figura 46 - Top 10 console in Italia Gennaio 2011 (fonte AESVI)

L'importanza del brand in ambito console è fondamentale. L'immagine 64 prende in esame la top 10 consle di inizio Gennaio 2011 in Italia. Ben otto titoli su dieci sono sequels o marchi come Fifa.

Nel mondo mobile la riconoscibilità del prodotto sta diventando imperante, anche se non nelle proporzioni tipiche console. Nell'immagine 65 sei titoli su dieci sono brand importi, anche se solo Il Milionario è diretta emanazione dei successi console. Per il resto si tratta di franchise inossidabili.

Questi stimoli alla cooperazione non nascono casualmente, sono abilmente sollecitati e stimolati dallo sviluppatore che giorno dopo giorno analizza il flusso dei dati ed impone, ad esempio, un minimo di 20 vicini per raggiungere il livello 10 o 50 vicini per raggiungere il livello 20. Ovviamente non tutti hanno ore e ore da dedicare giornalmente ad un gioco, e proprio su questa fetta di utenza aziende come Zynga hanno costruito valutazioni da cinque miliardi di dollari.

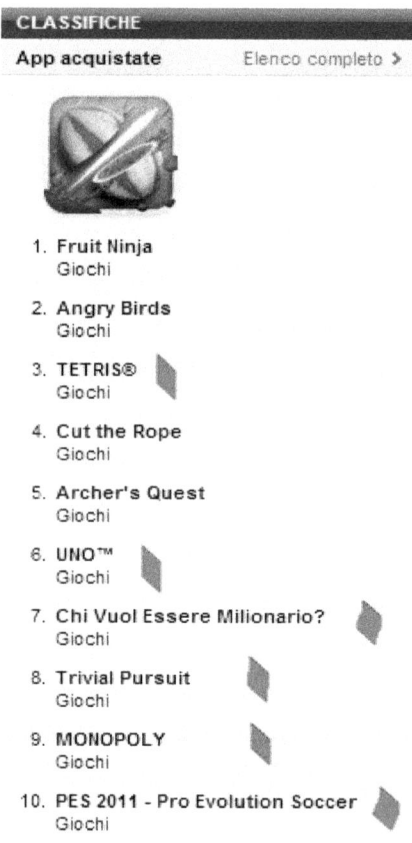

Figura 47 - Top 10 Giochi App Store Italia in Dicembre.

Virtual Good Economy

Ogni giorno milioni di persone acquista oggetti virtuali con soldi reali. Un'infinità di virtual good sono disponibili in giochi, virtual world e siti internet generando circa 7.3 miliardi di dollari nel 2010 a livello mondiale. Non essendovi associato alcun costo di produzione, se non la mera riproduzione in pixel dell'oggetto, la fantasia dello sviluppatore diventa l'unico limite alla vendita di spade, monete virtuali, abbigliamento e virtual gift. Dato l'esiguo prezzo al pubblico, solitamente pochi euro, si parla spesso di micro-transazioni, ad indicare proprio il basso importo della transazione economica.

Pur nella loro natura intangibile, i v-good rispondono ad esigenze materiali: ottenere qualcosa in più, esprimere la propria identità, primeggiare esteticamente e creare relazioni sociali.
Nel primo caso si parla di **virtual good funzionali** in grado di aiutare il giocatore a migliorare/velocizzare/evolvere l'esperienza di gioco.

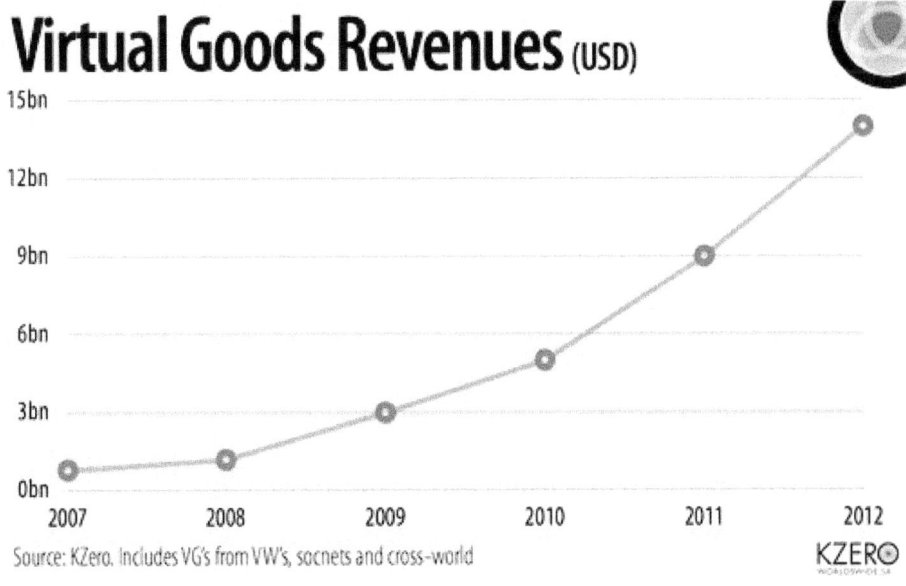

Figura 48 - Fatturato virtual goods 2007/2012.

E' intuitivo capire come l'acquisto di una spada, una pozione magica o uno scudo possa aiutare il giocatore a vincere battaglie e di conseguenza salire di livello in uno dei giochi di ruolo ad ambientazione fantasy sparsi su ogni piattaforma. Questa tradizione ha trovato un'interpretazione tutta originale su Facebook. Nel tentativo di portare un gameplay collaudato verso una massa eterogenea, gli sviluppatori han coniato la sotto-categoria dei "Mafia Game". Il riscontro fu subito strepitoso: *Mobster* di Playdoom divenne il titolo più giocato su Myspace, *Mafia Wars* di Zynga un top su Facebook, *140Mafia* fece parlare di se su Twitter ed anche iPhone ebbe i suoi bei giochi criminali come *Mafia: Respect and Retaliation* di SGN. In questi prodotti i giocatori possono creare dei clan, arruolare amici, stringere alleanze o dar vita a vere e proprie guerre per il controllo del territorio. Per primeggiare i giocatori acquistano virtual good funzionali sotto forma di armamentari vari, impattano realmente le statistiche di gioco ad esempio aumentando la stamina in Mafia Wars.

Di solito gli item funzionali hanno un prezzo che obbliga i consumatori ad acquistarli mediante carta di credito, pagamento sms o formule indirette.

Il successo di questi titoli si è spinto fin nelle aule giudiziarie con una serie di azioni legali intentate per difendersi dalla miriade di cloni che invase il mercato intorno al 2009. A spuntarla fu lo sviluppatore casalingo David Maestri che, anticipando i tempi, concepì *Mob Wars*. Il gioco balzò agli onori della cronaca per esser stato tra i primi a raggiungere il milione di dollari generato mensilmente. Nella disputa legale che lo vide contrapposto a Zynga, accusata di aver copiato il titolo, si arrivò ad una transazione amichevole per una cifra intorno ai sette/nove milioni di dollari. Tra l'altro il già citato Mafia Wars diventerà nel 2012 una pellicola cinematografica, divenendo il primo film tratto da un gioco Facebook.

I **virtual good decorativi** sono una categoria di oggetti virtuali che non altera minimamente le statistiche di gioco, ma influenza unicamente l'aspetto visivo dell'ambiente in cui si interagisce. Nel simulatore *Restaurant City* di Playfish è possibile acquistare un'infinità di ornamenti per il ristorante: mattonelle, porte, finestre, tavoli, sedie, suppellettili varie. Tutto questo non aiutare a salire di livello ma conferisce al giocatore una gratificazione immediata al proprio lavoro.

Gratificazione condivisibile col mondo esterno, perché ciascun locale è visitabile dagli amici in-game.

La funzione estetica è spesso associata all'utilizzo di un avatar. In numerosi giochi l'utente è riconoscibile attraverso una riproduzione virtuale che lo identifica agli occhi degli altri giocatori. La possibilità di introdurre un altro se stesso, un alter ego digitale da plasmare e comandare influenza profondamente la percezione del prodotto. La rappresentazione fisica dell'avatar contribuisce all'immersione nel gioco, si è parte attiva in una storia narrativa. Il tema è stato oggetto di un esperimento condotto alla Stanford University Lab. Un gruppo di studenti è stato diviso in due categorie: al primo è stato assegnato un avatar predeterminato, al secondo la facoltà di personalizzarlo scegliendo il sesso, la carnagione, i tratti somatici ed altro ancora. Compiuto questo passo, venne assegnato a tutti l'obiettivo comune di aggirarsi nel mondo virtuale per raccogliere alcuni artefatti.

La gestione di un avatar auto-creato porta con sé un'accelerazione del battito cardiaco, ben dieci battiti al minuto in più rispetto ai giocatori con l'avatar pre-selezionato.

L'avatar rappresenta un importante strumento di stimolo per i virtual good decorativi. E' possibile, infatti, vestire ed accessoriare l'alter ego scegliendo tra migliaia di combinazioni in giochi come *It Girl* o *IMVU*. L'ambiente sociale aiuta questo fenomeno, fornendo un immediato pubblico alle proprie creazioni. Il fenomeno può assumere valenze sociali ed economiche impressionanti. Nel Dicembre 2008, Playfish introdusse nel facebook game *Pet Society* la possibilità di acquistare alberi e decorazioni natalizie. In meno di un mese sono stati acquistati venti milioni di item virtuali ad un prezzo variabile dal gratuito ai due dollari. L'istanza psicologica di fondo per questa isteria collettiva è la volontà di condividere col mondo la propria creazione. Mentre l'albero natalizio reale allestito in casa viene visto da una stretta cerchia di parenti ed amici, la versione digitale può ambire ad audience mondiali di migliaia e migliaia di individui. E' solo una questione di scala!

Nel gioco "femminile" *Sorority Life* di Playdom, l'introduzione del virtual good ufficiale della Wolkswagen Beetle Rosa ha generato oltre 100.000 dollari in due giorni con decine di migliaia di utenti che si sono riversati in massa per acquisire questo virtual good funzionale disponibile per un tempo limitato.

San Valentino è la ricorrenza per antonomasia degli innamorati, un rito che da anni si perpetua il 14 febbraio in tutto il mondo alimentando un'impennata di consumi in alcune categorie merceologiche come fiori, cioccolatini e regali in genere. Negli ultimi anni questa data è diventata un crocevia importante nella neonata industria dei **virtal good socializzanti**.

Man mano che le relazioni amicali o affettive si spostano dall'ambiente fisico al digitale si assiste ad un mutamento del modo di espressione. Dalle cartoline alle v-card, dalle rose fresche di fioraio alle rose virtuali, una rivoluzione velocissima testimoniata dal successo dei *virtual gift*.

La distinzione tra reale e virtuale tende ad essere sempre più labile, secondo uno studio condotto dalla società americana Viximo i virtual gift più spediti sono, in ordine di importanza: fiori, sorrisi/baci, animaletti, gioielli e lingerie. Questa enorme propensione all'acquisto ha portato numerosi social game, e non, ad implementare in maniera sempre più aggressiva questa tipologia di virtual item all'interno del gioco, portando ad impennate di fatturato durante le più importanti festività annuali.

In concomitanza con San Valentino 2010 Zynga ha rilasciato in *Farmville* una speciale collezione di virtual gift. Nelle prime quarantotto ore sono stati scambiati 220 milioni di regali, una cifra superiore ai 152 milioni di cartoline di auguri scambiate normalmente in questa festività. La statistica non è così innaturale, spesso sono le stesse dinamiche psicologiche della vita reale a guidare la trasformazione digitale. Le cartoline s'inviano per tener viva periodicamente un'amicizia tra persone che si trovano a vivere lontano. Almeno una cartolina l'anno viene scambiata, magari in occasione del compleanno con un esborso medio di tre o quattro legati all'acquisto della cartolina di auguri e costi di spedizione postale. Una v-card costa meno, mediamente un euro, e sortisce i medesimi effetti.

Uno dei campi principali di utilizzo è il dating, quella moltitudine di siti ed applicazioni focalizzati sulla conoscenza tra persone. Dapprima focalizzati sul far pagare un abbonamento mensile agli utenti in cerca del partner ideale, hanno trovato nuova linfa vitale con la crescente adozione di regali virtuali come strumento di monetizzazione. In siti come HotorNot o Badoo è possibile inviare fiori ed altri oggetti per distinguersi rispetto alla massa. In media ciascuna ragazza riceve ad

ogni collegamento decine di richieste e istanze di chat, una moltitudine incolore che spesso non riceve risposta alcuna. Donare qualcosa contribuisce a conferire un valore unico, differenziando l'utente dalla cacofonia. Non è molto dissimile dalla vita reale, un corteggiamento basato su regali costosi rappresenta spesso un buon viatico per iniziare una relazione. Talvolta i regali non hanno un valore intrinseco ma rappresentano il simbolo del pensiero tra individui, un indicatore che qualcuno vuole farci sentire bene. Il mondo del dating ha capito bene questo paradigma andando a creare oggetti dal pricing differenziato, si parte solitamente da un euro per arrivare anche a decine di euro. Più il regalo è costoso, maggiori saranno le chance di attrarre l'attenzione del partner potenziale. Un utente femminile corteggiata a suon di regali virtuali, magari anche costosi, tenderà a preferire quell'uomo in quanto metaforicamente in grado di garantirle sostentamento e supporto nella vita di tutti i giorni.
Il virtual gift rappresenta un valore aggiunto anche per il ricevente. In piattaforme così popolate, distinguersi non è mai semplice. Ricevere regali, possibilmente di alto valore economico, esprime uno status symbol.
Questo confine tra reale e virtuale resta inconcepibile per persone al di là con gli anni, cresciute tra odori di fiori e sapori provenienti da una scatola di cioccolatini. Eppure alcuni siti come www.theyarebeautiful.com cercano di avvicinare l'esperienza reale offrendo la possibilità di conservare i bouquet floreali ricevuti in una specie di balcone virtuale dove bisognerà tornare periodicamente per innaffiare, altrimenti appassiranno. Qualcuno potrebbe trovare questa soluzione particolarmente comoda, liberandosi delle incombenze tipiche di un regalo reale di questo tipo!

Qualunque sia la loro natura, funzionale, estetica o socializzante, i virtual good rappresentano un formidabile strumento di monetizzazione. Il loro basso prezzo ha consentito a milioni di persone di effettuare le prime transazioni in giochi e realtà virtuali solitamente visti con diffidenza. La gratuità di base agevola l'adozione di massa di un servizio per poi generare fatturato reale grazie ad una bassa percentuale di individui che decidono di diventare utenti paganti. Questa è la riproposizione in chiave digitale dell' *Economic Surplus*, teoria economica che indica l'avanzo monetario tra quello che un utente sarebbe disposto a spendere per un dato servizio ed il prezzo effettivo. Una produzione video ludica di qualità richiede un esborso sui 50/60 euro, nei giochi free to play l'esperienza è offerta gratuitamente lasciando in tasca al giocare decine di euro che spesso vengono rinvestite nel gioco sotto forma di micro transazioni. Addirittura alcuni di questi giochi danno vita al femomeno dei "whales", utenti in grado di spendere dai mille euro, o anche più, all'interno di un singolo prodotto.

Uno studio condotto da Social Gold ha individuato le cinque persone in giro per il mondo che hanno speso elevati quantitativi di denaro reale all'interno di singoli giochi su Facebook. L'utente più spendaccione si colloca in Arabia Saudita con ben 25,540 dollari spesi. In media gli utenti paganti spendono 60 dollari, una cifra simile ad un prodotto pacchettizzato.

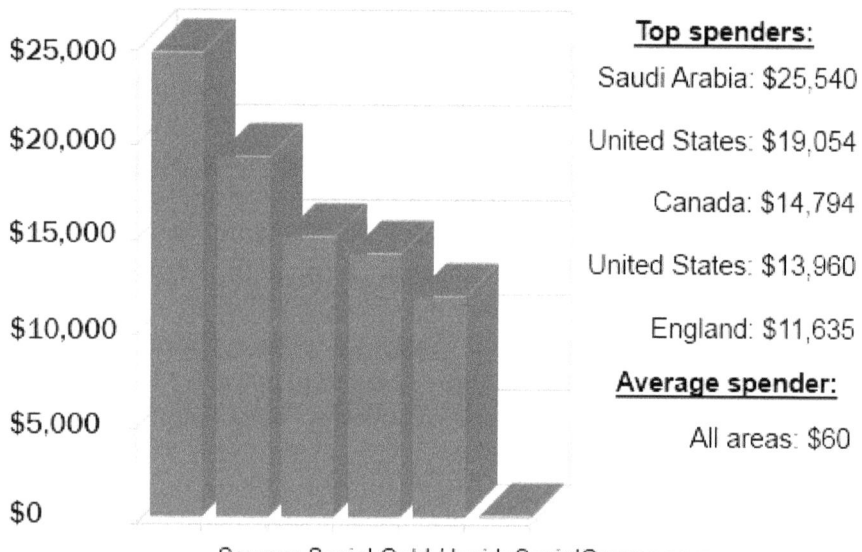

Figura 49 - Top 5 spesa pro capite.

Questa sintetica analisi sfata la credenza della supremazia economica del modello retail rispetto al free2play. Laddove ben implementato il modello gratuito con virtual good acquistabili porta l'utenza a spendere anche migliaia di euro, come recentemente dichiarato da Electronic Arts per la versione online di Fifa SuperStars con i top spender intorno ai

500/1000 dollari. Questa particolare categoria tende ad essere monogama, si focalizza su un prodotto per un arco temporale di diversi mesi ed investe tutto il proprio budget per evolversi e primeggiare. L'importanza di questi user alto spendenti è fondamentale nell'economia globale di un gioco social che per sua natura riesce a monetizzare solo su una piccolissima percentuale d'utenza. Un gioco console ha l'indiscusso vantaggio di metter mano al portafoglio di ciascun compratore raggiungendo al massimo un ARPU intorno ai 100 euro grazie ad edizioni limitate e/o DLC aggiuntivi a colpi di 15 euro ciascuno. Raggiunta tale soglia il gioco smette di monetizzare pur continuando a sostenere spese vive come la gestione dell'area multiplayer online.

Questa propensione alla spesa non ha sempre e solo ragioni ludiche. Un numero crescente di individui ha iniziato ad acquistare terreni, edifici o interi mondi all'interno di mondi virtuali per farne il proprio lavoro reale. Nel Guiness dei Primati attualmente figura l'acquisto del "Club Neverdie" effettuato nel Novembre 2010 all'iperbolica cifra di 635.000 dollari nel mondo virtuale Planet Calypso. E' il 2005 quando l'inglese Jon Jacobs decide di ipotecare la propria casa reale per acquistare a 100.000 dollari un intero asteroide nel gioco creato dagli svedesi di MindArk. Il MMORPG si regge su una moneta virtuale, PED, scambiabile bi-direzionalmente con i dollari al tasso di 10:1. Ogni acquisto o cessione diventa un'occasione di guadagno, un mercato nel mercato. Il giorno seguente l'investimento, Jon riceve un'offerta di 200.000 dollari ma clamorosamente la rifiuta. D'altronde è una persona eclettica e imprevedibile impegnato anche come musicista, regista, attore e figlio di un finanziere inglese che spianò inconsapevolmente la strada al successo di Harry Potter. Ma questa è un'altra storia.

Grazie ad un team di collaboratori reali, il vulcanino Jacobs mise a frutto la proprietà ottenendo dopo pochi mesi una rendita vicina ai 20.000 dollari al mese grazie alla quale godersi la vita da Miami Beach insieme a moglie e due figli. La sua popolarità iniziava ad esondare fuori dal cyberspazio divenendo una vera star mondiale con tanto di ospitate in importanti trasmissioni tv e documentari a lui dedicati su Discovery Channel e Canal+. Nel giro di pochi anni arricchì il pianeta con case, negozi ed un night club ribattezzato "NeverDie", casualmente il nickname di Jon. Nel giro di cinque anni è stato realizzato un ritorno sull'investimento del 535% grazie alla vendita parcellizzata dei possedimenti. In anni di crisi economica mondiale dove il prezzo delle case ha subito flessioni, ed addirittura crolli in alcuni mercati, il real estate virtuale ha garantito un ritorno clamoroso per l'investitore della prima ora.

Social Game, real life

Negli ultimi anni si è assistito ad un progressivo calo di ascolti in televisione. A soffrirne è stata prevalentemente la tv generalista con i suoi simboli come Grande Fratello e Amici. Questo trend ha avuto inizio negli Stati Uniti dove a farne le spese sono state serie tv storiche. La popolarissima, almeno in patria, "As The World Turns, " ha chiuso dopo cinquanta anni di onorata carriera. Il calo degli spettatori è in diretta relazione col calo degli investimenti pubblicitari, nel solo Q1 2010 un taglio del 20% nelle soap opera in USA.
Perché è interessante questo dato, apparentemente lontano dal tema del libro?
E' risaputo che in orario diurno sono le donne le principali consumatrici di telenovelas e programmi di intrattenimento. Durante le incombenze domestiche o nel tempo libero a disposizione, la televisivione diventa fedele compagna delle lunghe mattinate senza figli e mariti. Questo abbandono di massa trova la sua ragion primaria nell'ingresso della donna nel mondo del lavoro, ma un dato apparentemente eclatante è emerso negli ultimi anni a rafforzare questa tendenza. Le donne stanno diventando avide consumatrici di Facebook e ancor più sfegatate videogiocatrici social. Un crescente numero di ore vengono spese in giochi come *Pet Society* e *Farmville*, alterando i rapporti di forza tra i media. La sola Zynga ha circa 250 milioni di utenti attivi mensili che in maggioranza sono donne. Un bacino enorme che già supera in numerose nazioni l'ascolto medio di una telenovas anticipando quella che sarà la morte di una certa nicchia televisiva per via delle mutate esigenze della società.

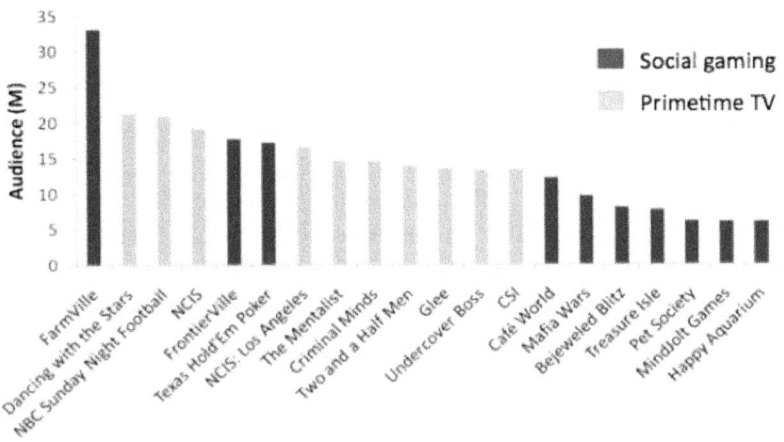

Figura 50 - Rapporto social games/tv in USA (fonte tvbynumbers.com)

L'enorme diffusione dei giochi social, il nuovo pubblico di giocatori e la conseguente necessità di esplorare nuove forme di pagamento hanno spinto i Publisher ad una creatività senza precedenti nei sistemi di billing. Nuovi intrecci tra digitale e virtuale, pixel e atomo hanno guidato gli utenti in un universo totalmente interconnesso fondendo realtà e finzione.

La forma tradizionale di commistione è rappresentata dalla pubblicità nella sua forma "*in-game advertising*". Veri e propri banner che da anni fanno capolino all'interno di giochi console e PC attirando l'attenzione del target di riferimento 8-34.

Man mano che l'attenzione dei giovani si sposta dalla televisione a nuove forme di intrattenimento, i pubblicitari dirottano parte dei loro badget verso piattaforme in grado di assicurare migliori ritorni sull'investimento. La tradizione è vasta ed articolata e prende le mosse, commercialmente parlando, nel 1994 quando Electronic Arts introdusse in Fifa International Soccer una serie di cartelloni pubblicitari Adidas a bordo campo. In aggiunta sul tabellone del risultato compariva sovente la dicitura Panasonic portando per la prima volta le dinamiche della vita reale all'interno di un videogioco. Da allora l'in-game advertising si è notevolmente evoluto di pari passo con l'evoluzione delle console, oggi 3D e connesse spesso ad internet.

La ragione profonda di operazioni di questo tipo risiede nella fonte di reddito aggiuntiva che i grandi brand sono in grado di apportare nelle casse del Publisher. Si stima che alcuni giochi abbiano beneficiato di circa un dollaro advertising aggiuntivo per ogni copia venduta, che si vanno a sommare ai circa sei netti che si ottengono dalla vendita di un gioco retail da cinquanta dollari.
Nonostante le grandi potenzialità e le metriche interessanti, Microsoft e Google hanno acquisito in passato specifiche agenzie, la pubblicità nei videogiochi fisici è rimasta sempre marginale e secondaria all'interno della dinamica di gioco. L'avvento dei social game, invece, ha portato nuova linfa vitale ad un settore che ha saputo coglierne l'unicità creando forme d'interazione sempre più compenetrate.
Sin dal 2008 gli inserzionisti hanno sperimentato nei social game forme innovative di advertising. Dopo un'era di banner più o meno statici in ambiente web e videogame fisici, i centri media hanno virato progressivamente su modalità in grado di creare "engagement" e non sola esposizione del marchio.

In *Fanta Serie A*, gioco manageriale calcistico realizzato dall'italiana DigitalFun, appare un Muro delle Offerte (Offer Wall). Entrandovi gli utenti hanno la possibilità di ottenere FantaCa$h, moneta virtuale ufficiale, in cambio di varie interazioni con i prodotti pubblicizzati. Ad esempio nell'immagine 75 viene chiesto di registrarsi ad una pagina per partecipare ad un evento Oreal. In cambio si ricevono 735 monete virtuali. A volte viene proposto di acquistare qualcosa in cambio di un cospicuo gruzzolo, come nel caso di abbonamento ADSL Infostrada.

Nasce da questi presupposti il mercato dei "branded virtual good", oggetti virtuali basati su un brand o prodotto reale. Questa nuova tipologia di in-game advertising differisce dall'esempio sopra riportato per la sua natura non statica, anzi diventa parte integrante del gameplay spesso con un significato funzionale e non solo estetico. La natura "data driven" dei social game consente l'analisi in tempo reale delle performance di una campagna promozionale e consente di intervenire giornalmente adattando o modificando l'esposizione al brand.
Nel mondo reale un prodotto griffato tende a vendere più unita di uno similare m non griffato. Semplici magliette colorate, risultano sicuramente meno attraenti rispetto alla stessa con sovrimpresso il logo

Nike. Nel mondo virtuale accade la medesima cosa, oggetti connessi ad un marchio, cantante, attore catalizzano maggiormente l'attenzione degli utenti spingendoli non solo ad utilizzarli gratuitamente ma spesso ad acquistarli ad un prezzo maggiore rispetto al virtual item non brandizzato. Nel futuro rivestiranno un'importante sempre maggiore, un possibile grimaldello per spingere i giocatori non paganti a sfatare il tabù della prima transazione per un prodotto nel quale riconoscono un valore aggiunto.

Il famoso rapper americano Snoop Doog è una delle stelle della prima ora nel giovane mercato branded virtual good. La sua effige è stata riprodotta su una moltitudine di articoli: vestiti, animali, stereo e gadget vari distribuiti su numerosi giochi social, online e mondi virtuali. Nel caso specifico l'obiettivo è espandere la notorietà ed il "word of mouth" in un target giovane per scatenare ed al contempo monetizzare.

In *WeeWorld*, gioco con oltre 36 milioni di utenti registrati, il rapper ha generato vendite 2.5 volte più alte rispetto ai normali virtual item di prezzo uguale. Per esempio *Snoop Double Doggs*, icona del rapper accompagnato da due cani, genera il quintuplo di acquisti rispetto ad altri virtual pet nel gioco. Essendo tutti gli oggetti puramente ornamenti, trova riscontro l'ipotesi iniziale secondo la quale gli oggetti brandizzati ingenerano maggiore fiducia e propensione all'acquisto anche in ambiente virtuale.

Le statistiche di *Gaia Online* mostrano andamenti altrettanto interessanti. Innanzitutto su questo mondo virtuale sono stati introdotti differenti branded virtual good, tra i quali una felpa ed uno stereo portatile venduti ad un prezzo più alto rispetto alle controparti tradizionali. Nel secondary market, una specie di bazar dove gli utenti possono acquistare e vendere tra loro gli item, i prodotti Snoop Dogg hanno preso quotazioni altissime. La felpa con cappuccio è arrivata ad oltre 10.000 Gaia Gold, un valore del 354% in più rispetto ad un oggetto analogo non branded. Lo stereo schizzò del 1800% rispetto al Red Mini Boomblox (oggetto similare unbranded).
Sommando i dati il brand Snoop Doog ha generato oltre 200.000 dollari in virtual good ad Agosto 2010, e le sue parole in tipico slang rapper suggeriscono una sempre maggiore presenta in ambito digitale:

"My virtual items are off tha chain jacc! It's a world and a movement that I have been down with since day 1 and we are gonna continue to hit u with hot products and virtual items until tha wheels fall off. Be on da lookout for more items in an internet hood near u – ya dig?!?"

Le forme d'interazione possibile non si esauriscono all'ambiente virtuale. Aziende come Zynga nel 2010 hanno esplorato commistioni col mondo reale facendo leva sull'ampio bacino di utenza e la propensione all'acquisto del suo utente medio, mamma sulla quarantina. Le donne sono solite gestire il bilancio familiare, soldi impiegati per le incombenze o la spesa quotidiana. Consapevole della loro importanza economica, le aziende hanno iniziato a tarare su misura specifiche iniziative pubblicitarie.

Lo scorso maggio sulle confezioni di Green Giant, leader di mercato per verdura e frutta confezionata in USA, sono comparse etichette Farmville. Acquistando insalate e mele, con un range di prezzo da 0.89 a 4.99 dollari, si ottiene un codice che può essere riscattato nel gioco così da ottenere cinque Farmville Cash. Ogni account potrà riscattare un massimo di tre codici per un totale di quindici Farmville Cash.

Dopo questo rodaggio, reale e virtuale si sono rincontrati nella massiccia campagna "Buy More, Earn More" in partnership con 7Eleven.

In circa 7000 punti vendita americani si potevano acquistare panini, bevande e dolci a marchio *Mafia Wars*, *Yoville* e *Farmville*. Effettuato il pagamento alla cassa, diventa possibile utilizzare un apposito codice presente nel packing, via web o sms, per sbloccare esclusivi in-game items. Ad ogni oggetto fisico corrisponde un item virtuale per un massimo di 10 redeem giornalieri totali di cui tre per ciascuna categoria. Già questa cross promotion dovrebbe esser sufficiente a tesser le lodi di entrambe le aziende pioniere nell'intersecare mondo reale e digitale per incentivare gli acquisti e fidelizzare gli utenti. Ma c'è altro, per rendere ancora più compenetrata l'esperienza, sono stati introdotti tre UBER Gifts. Per sbloccare questi "regali virtuali speciali" bisognavano non solo acquistare 6/8 snacks/bevande nei negozi ma parallelamente completare 2/3 obiettivi nel gioco, solo al termine di questa combo reale/digitale si aveva diritto all'agognato UBER.

Ben tre milioni di codici sono stati riscattati con le vendite del gelato schizzate alle stelle superando in una sola settimana le stime ipotizzate per l'intero periodo. Anche l'acqua ha avuto un boom di vendita con un 60% di acquirenti che hanno riscattato il codice.

Questi ed altri esempi, testimoniano la grande vitalità dei social game e le opportunità in mano ai centri media e proprietari dei brand per veicolare in modo del tutto nuovo il messaggio pubblicitario.
Finora si è parlato del grande potenziale, in parte già espresso, di Facebook come destinazione di una nuova generazione di giocatori. Indipendentemente dal social network sul quale i giochi descritti girano, è ormai in atto un processo di socializzazione dell'esperienza ludica. Da Facebook a Xbox Live passando per MMO alla *World of Warcraft*, una socializzazione che per decenni si era persa nella nostra cultura quotidiana.

I nativi digitali hanno in gran parte perso il senso di appartenenza ad una comunità, passano le giornate con una ristretta cerchia di amici isolandosi dal contesto civico ed urbano in cui si vive. La progressiva diffusione del benessere ha sicuramente contribuito al processo, basti pensare all'evoluzione delle nostre vite. Da studenti spesso ci accontentiamo di posti letto in stanze e case piene di individui a noi estranei. I soldi sono pochi e bisogna fare di necessità virtù. Il passaggio da studenti a lavoratori segna un radicale cambiamento di vita. Da una stanzetta condivisa si passa spesso a un monolocale in affitto alla ricerca di uno spazio vitale non contaminato da presenze estranee. Coloro che riescono a trovare fortuna nel lavoro dall'appartamento in condominio passano a ville dove le barriere col mondo esterno aumentano notevolmente.
Nei videogiochi, e aggiungo fortunatamente, è in atto un processo inverso. Da un periodo iniziale quasi esclusivamente votato all'esperienza single player si è passati progressivamente al gioco in larghe comunità.

GAMIFICATION

Meccaniche di gioco nella vita quotidiana

Gamification è un termine ricorrente in quest'opera a partire dal titolo per giungere al nome di questo ottavo capitolo. Devo candidamente confessare che non si tratta di una mia invenzione lessicale.
Il 18 Febbraio 2010 nel corso dell'annuale Dice Conference a Las Vegas un intervento generò scalpore. "Design Outside the Box" è il titolo dello speech tenuto da Jesse Schell, fondatore di Shell Games Studio con 60 dipendenti e professore alla Carnegie Mellon University. Stupendo la platea composta da sviluppatori "tradizionali", nei trenta minuti a disposizione ha dato vita e sostanza ad un nuovo approccio culturale basato sull'utilizzo di principi e meccaniche di game design all'interno di contesti non video-ludici. Salute, shopping, educazione sono alcuni degli infiniti settori in cui il paradigma è in grado di trasformare anche le azioni più noiose e ripetitive in qualcosa di divertente ed entusiasmante, un immenso massive multiplayer game nel corso delle 24 ore.

Ti lavi i denti correttamente al mattino? Ottieni 10 punti!
Fai colazione con i Corn Flakes? Altri 20 punti!
Utilizzi i mezzi pubblici per recarti al lavoro invece dell'auto? Il Comune ti assegna 50 punti!
Paghi regolarmente le tasse? Ottieni 10 punti!

Non si tratta di una invenzione futuristica degna di Star Trek. La disponibilità sempre maggiore di apparecchi "always connected", la capillarità di smartphone GPS e la massificazione di Facebook rende possibile già oggi la nascita di iniziative in grado di gamificare la nostra esistenza.

Meccaniche di gioco	Dinamiche di gioco
Punti	Premi
Livelli	Status
Sfide	Achievements
Virtual Goods	Auto espressione
Leaderboards	Competizione
Virtual Gift	Cooperazione
Boss fine livello	Altruismo

Figura 51 - Pilastri della Gamification

Questo squarcio sul futuro ha dato impulso a svariate start up impegnate nel fornire consulenza e strumenti per rendere simil ludico ogni sito o progetto. Società come BunchBall, Gamify, BadgeVille sono nate per aiutare i proprietari di brand a servizi online ad inserirsi in questo nuovo mercato che nel 2015 dovrebbe valere 1.5 miliardi di dollari secondo le stime di M2 Research.

Nike Plus (Nike +)rappresenta uno dei migliori esempi commerciali di Gamification disponibile sul mercato. Con circa trenta euro si porta a casa un iPod Sport Kit, consistente in un sensore ed un trasmettitore. Il primo si inserisce in un apposito slot ubicato sotto la suola sinistra di numerose scarpe Nike da corsa. In alternativa è possibile agganciarlo alle stringhe di una qualsiasi scarpa sportiva mediante apposite custodie. Il trasmettitore, invece, si inserisce nello slot per la ricarica iPod e consente alla scarpa di comunicare col dispositivo Apple.
In tempo reale viene calcolata la velocità, i chilometri percorsi, le calorie bruciate e, se possessori di iPhone, anche la mappatura del tracciato e battiti cardiaci.
A fine corsa, è possibile sincronizzare il proprio device al PC o Mac e scaricare tutti i parametri sul sito ufficiale www.nikeplus.com. In questo modo si contribuisce ad una immensa banca dati ed alla condivisione delle proprie imprese sportive grazie alla pubblicazione automatica dei dati su Facebook o Twitter.

Nike + può considerarsi a tutti gli effetti un gioco all'interno di un contesto esterno perché risponde a quattro requisiti vincolanti:

Obiettivi: Il giocatore anela a raggiungere un determinato traguardo esplicitamente, o a volte implicitamente, stabilito dal creatore del prodotto. La sua presenza è fondamentale per conferire uno scopo al tutto. In una simulazione calcistica l'obiettivo sarà fare un gol più degli avversari, in Tetris riuscire ad allineare il maggior numero possibile di tetramini e via discorrendo.

Regole: Non sempre il fine giustifica il mezzo come rivendicava Macchiavelli ne "Il Principe".
Le regole stabiliscono dei paletti invalicabili ai quali i giocatori devono attenersi per raggiungere gli obiettivi. In una partita a scacchi, ad esempio, i giocatori sono obbligatori a compiere una mossa per ciascuno. Chi viola il principio è fuor idal gioco.

Punteggio: Ogni gioco è correlato con un sistema di punti, livelli, barre varie che aiutano a capire quanto vicini si è all'obiettivo.

Divertimento: Il gioco è primariamente una forma di svago ed ha una ragion d'essere solo nel momento in cui il giocatore volontariamente partecipa ad una attività ed altrettamento liberamente può decidere di abbandonarla in qualsiasi momento.

L'obiettivo di Nike Plus è aiutare i corridori a tenersi in forma migliorando le proprie performance. Correre è un passatempo comune, aiuta a sentirsi meglio con se stessi ed a prevenire future malattie cardio-vascolari. Uno sport che non ha età ed è praticato ugualmente da uomini e donne. Uno dei principali impedimenti alla sua pratica è la motivazione. Passare dalla teoria al terreno si scontra spesso con la pigrizia, mancanza di stimoli ed altri fattori psicologici. Nike Plus in questo senso è un fantastico motivatore. Poter vedere in tempo reale il proprio andamento fornisce una gratificazione immediata ed aiuta il raggiungimento di prestazioni altresì impensabili.
Basta fare un giro sui forum di settore per leggere storie di persone che al primo utilizzo hanno tratto benefici insperati abbassando di alcuni secondi, se non minuti, il tempo di percorrenza di un tragitto praticato

da anni. Ciascun corridore-giocatore può settare anche degli obiettivi individuali, ad esempio correre un determinato numero di chilometri in una settimana, bruciare 10.000 calorie in un mese o mantenere una certa andatura. Porsi obiettivi è uno degli strumenti motivazionali spesso usati nella vita quotidiana, e Nike lo ha ben capito!

Nike Plus incorpora anche delle regole. Ad ogni chilometro percorso corrisponde un punto guadagnato.

I punteggi sono accompagnati da una struttura a livelli attinta a piene mani dal mondo delle arti marziali. I punti concorrono all'avanzamento di livello:

Giallo: da 0 a 49km
Arancione: da 50 a 249 km
Verde: ,da 250 a 999 km
Blu: da 1000 a 2449 km
Viola: da 2500 a 4999 km
Nero: +5000 km

La progressione non è uniforme, inizialmente si tende a salire in maniera agevole per poi imbattersi in asticelle sempre più alte. Un immenso gioco di ruolo legato al nostro benessere.
Non manca la Leaderboard, una classifica di tutti i runner Nike. Sin dalla notte dei tempi i videogiochi hanno adoperato il concetto di high score per mettere a confronto, in modalità asincrona, i partecipanti. Basti pensare ai cabinati da sala giochi e alla soddisfazione nel vedere il proprio nome nella Top 10 giornaliera per poi vantarsene con gli amici. Peccato che staccando la presa di corrente il tutto si riazzerasse, cosa che capitava di frequente anche per farsi dispetti. Ma questa è un'altra storia!

Tra i numerosi motivatori inseriti ve ne è uno che ricorda le armi speciali in uno sparatutto. "Power Song" si attiva pigiando il tasto centrale del proprio iPod, magicamente appare la canzone preferita pre impostata. Arma letale in grado di fornire extra energia per lo sprint finale o nel mezzo di una crisi di fiato. Proprio come in molti sparatutto storici dove ci venivano concesse delle bombe in grado di annullare tutti i nemici su schermo, particolarmente adatta nei momenti di caos supremo.

La risposta dei corridori a questo strumento è stata straordinaria. A due anni dal suo lancio commerciale nel 2006, oltre 1.2 milioni di utenti hanno condiviso le proprie performance sportive totalizzando 130 milioni di miglia (1 miglio=1.6 km) e bruciando tredici miliardi di calorie. Dal 2008 ad oggi, anche grazie alla possibilità di utilizzare iPhone ed iPod Touch mediante specifico software scaricabile, l'utenza è incrementata ulteriormente tanto da vantare una community online di oltre due milioni di utenti registrati.

Entrare a far parte di una comunità è un amplificatore di esperienze. Fissare degli obiettivi individuali senza poter coinvolgere amici, parenti e colleghi rappresenta a lungo andare un fattore di monotonia. Inoltre in un'epoca in cui tutti viviamo nei social network, non poter condividere le proprie imprese su Facebook o Twitter è estremamente penalizzante.

Ciascun utente può organizzare sfide e cooperazioni sulle scale più disparate: competere con la moglie sui chilometri percorsi, sfidare l'intero ufficio o addirittura competizioni con centinaia o migliaia di persone, ad esempio Uomini contro Donne dove tutti possono accedere e fornire il proprio contributo.

L'avatar è un altro elemento attinto a piene mani dal patrimonio tradizionale dei videogiochi. Sul sito nikeplus.com è possibile adottare un proprio alter ego virtuale da personalizzare e rendere il più vicino possibile alle nostre sembianze reali. Il "Mini" accompagnerà l'esperienza nel corso del tempo mutando il proprio stato d'animo in relazione all'attività del corridore. Nei periodi di inattività lo vedrete spesso sbuffare e stilettarvi con frasi ad effetto, al contrario macinando chilometri si atteggerà e sarà entusiasta.

L'introduzione di questo elemento è stato accolto positivamente dalla community con commenti tipo:

"I just LOVE my Nike Mini! Thanks for giving us the option to add notes about our runs. Keeping tabs is so vital to staying focused on my goals. Now I just wish my Nike heart rate monitor integrated with my Nike+ adapter".

L'avatar rinforza le sensazioni positive, stimola gli appassionati, in questo caso di corse, a ricordarsi di questo loro hobby né incentive la costante adozione.

Ultimo elemento da prendere in considerazione è la funzione "Nike+ Coach". I principianti vengono spesso aiutati in ogni aspetto della vita. I game designer sono diventati maestri mediante l'adozione di Tutorial, veri e propri livelli interattivi di prova durante i quali i giocatori prendono confidenza con il sistema di comandi, con la missione, con le ambientazioni in maniera indolore.
In egual misura i coach virtuali Nike assistono i neo iscritti a stilare un calendario di allenamenti in grado di introdurli pian piano verso questa disciplina. Tra le proposte vi è "Dalla Camminata alla Corsa", studiato per tutti quelli che si avvicinano alla corsa per la prima volta. Questo programma di dodici settimane combina sessioni di camminata e di corsa per raggiungere l'obiettivo finale di venticinque minuti consecutivi di corsa. L'utente potrà settare la data di inizio e poi studiare uno specifico grafico che mostra l'evoluzione delle prestazioni.

Connected Toys

Nel 2009 l'industria mondiale dei giocattoli ha generato un fatturato di 80 miliardi di dollari con un trend di crescita quasi piatto nell'ultimo triennio. Usa, Giappone e Cina rappresentato i mercati chiave di questo genere di intrattenimento ben conosciuto in tutto il mondo. L'Italia, stando all'istituto Research in Cina, non rientra nella Top 10 mondiale dei consumatori.

Rispetto ai fasti del passato, i giocattoli hanno risentito pesantemente della concorrenza dei videogiochi ed in generale di tutte le forme interattive di intrattenimento. In un precedente capitolo si è ben evidenziato come in UK il regalo natalizio più desiderato fino agli anni 2000 fosse appunto un qualche tipo di giocattolo per poi cedere il passo alle console e relativi software.

Per far fronte a queste rinnovate richieste dell'utenza, i produttori di giocattoli hanno iniziato ad esplorare nell'ultimo biennio un nuovo paradigma che miscela parte fisica e digitale per creare ai "Connected Toys". Giocattoli connessi alla rete con vari livelli di integrazione, tutti accomunati dalla necessità di consentire un binomio reale/virtuale. Così facendo si offre un'esperienza ludica allungata nel tempo e molto più vicina alle necessità della Generazione Digitale.

Webkinz è una linea di peluche lanciata nel 2005. Fin qui nulla di insolito. L'idea geniale dell'azienda canadese Ganz è stata quella di permettere ai bambini di allevare virtualmente un peluche. Nell'etichetta apposta sull'animaletto è contenuto un codice segreto con il quale l'acquirente diventa proprietario di un peluche virtuale cui dovrà prestare le proprie cure. La connessione al pannello di accesso del sito internet www.webkinz.com è gratuita per la durata di un anno. Per partecipare all'evoluzione, il bambino dovrà guadagnare della moneta virtuale e partecipare a diverse attività del sito (giochi e quiz in larga parte a natura didattica), che gli permetteranno di cambiare lo spazio vita del peluche e di apprendere nuove attitudini. La comunità è grandissima e le iterazioni tra gli utenti del sito sono multiple, assolutamente sicure e controllate grazie al sistema di frasi pre-costruite.

Milioni di bambini tra i sei ed i tredici anni, target di riferimento, hanno accolto a braccia aperte questa sperimentazione con l'approvazione dei genitori. Tra i tanti commenti sui forum italiani ne riporto uno:

Io li ho comprati per i miei figli. Gli Webkinz sono davvero fantastici perche uniscono la piacevolezza di un peluche ad un sito costruito con vera attenzione ai particolari. Infatti i miei figli hanno acquisito dimestichezza nell'utilizzo del computer e si sono arrichiti di sapere utilizzando i moltissimi giochi di natura didattica. Il Quizzy Question Corner da la possibilità di migliorare il proprio inglese, ci sono giochi di logica e matematica. Insomma è veramente utile. Niente a che vedere con "i cuccioli cerca amici" veramente deludente.

Ganz è stata geniale. Ha abbinato decenni di know how nel settore tradizionale dei peluche al fenomeno crescente dei mondi virtuali per bambini, Club Pinguin di Disney su tutti. Nel 2007 in Google USA il termine Webkinz è risultato essere il quinto più ricercato in assoluto, addirittura superando Youtube. Il risultato è stato positivo, i pupazzi hanno goduto e godono tuttora di popolarità nel mondo ed il meccanismo incentiva il continuo rinnovo del parco giocattoli. Infatti, ogni dodici mesi si estingue l'abbonamento online e l'unico modo per rinnovarlo è acquistare l'ennesimo peluche per la gioia dei pargoli e per le tasche, si fa per dire, dei genitori.

Un livello maggiore di integrazione è presente in **Virtual Masters Real**, accessorio prodotto da Tomy per il mercato giapponese. Si tratta di un giocattolo/videogioco basato sulla realtà virtuale in grado di riprodurre le sensazioni della pesca. L'azienda conta di vendere circa 300.000 esemplari durante il primo anno, facendo leva sull'amore del Sol Levante verso questo passatempo e la cronica mancanza di tempo dei giapponesi, spesso bloccati nel proprio appartamento da problemi economici e lavorativi.
Il gadget presenta un cuore centrale dotato di display LCD a colori, una manovella laterale ed una piccola antenna in stile canna.
La fotocamera integrata e la realtà aumentata consentono di giocare in qualsiasi ambiente, compresa la propria casa. Il giocattolo riconosce gli oggetti inquadrati e li converte in pesci similari per stazza e/o colore materializzando sessioni di pesca pressoché illimitate.
Un chip audio e un sistema di vibrazioni aiutano poi il giocatore a immedesimarsi nella parte. Fruscii, rumore della lenza e del mulinello sono fedelmente riprodotti al modico prezzo di 79 dollari.

Il futuro del gioco su TV

Il mio salotto è un groviglio di cavi inenarrabile. Nel mobiletto porta tv trovano posto due console con relative periferiche; Wii e Xbox 360 col loro carico di cavi di alimentazione prese scart, cavo di rete che attraversa la stanza interfacciando la console con il router. Sopra al televisore sono visibili la barra Wii e il sensore Kinect per il gioco a corpo libero. Nel secondo vano trova posto il decoder Sky HD. Ancora più in basso il lettore blu ray a sua volta agganciato ad un sistema dolby surround.

Questa sovrabbondanza di apparecchi è anti-estetica, poco funzionale durante le pulizie e spesso, quando lo switch, fa le bizze, sono costretto a inserire e disinserire prese HDMI col rischio di usura e corto circuito.

Il televisore può ambire a diventare un contenitore tout court di cinema, videogiochi, musica, internet?

La risposta arriva dall'analista Futuresource, ben il 99% delle case in Europa occidentale avrà una "connected tv" entro il 2015.

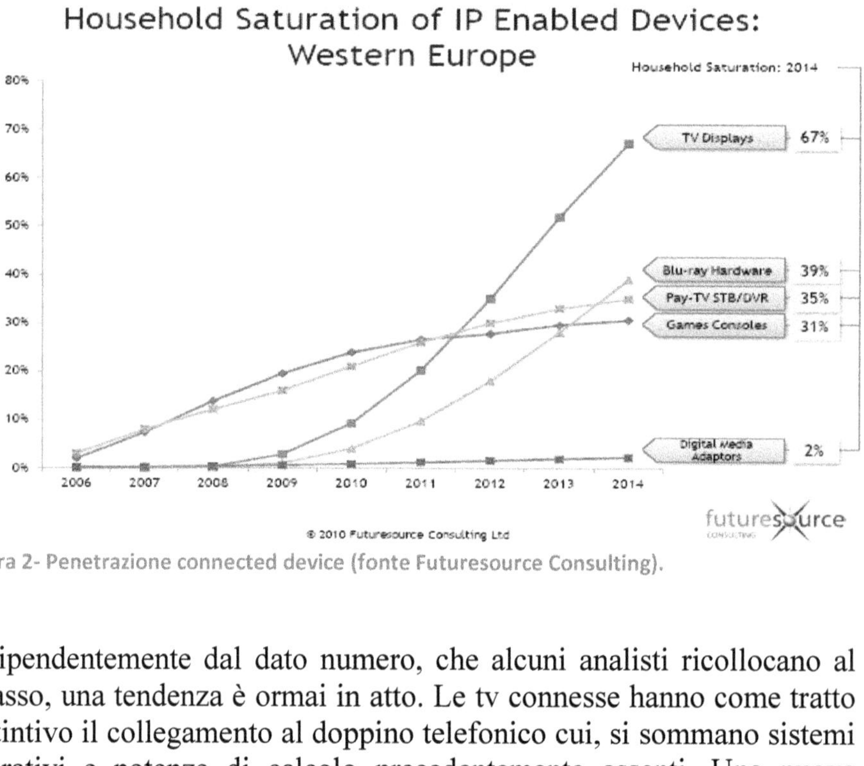

Figura 2- Penetrazione connected device (fonte Futuresource Consulting).

Indipendentemente dal dato numero, che alcuni analisti ricollocano al ribasso, una tendenza è ormai in atto. Le tv connesse hanno come tratto distintivo il collegamento al doppino telefonico cui, si sommano sistemi operativi e potenze di calcolo precedentemente assenti. Una nuova tecnologia in grado di abbattere gli elevati costi di apparecchi esterni dando vita ad un prodotto "All in One" di facile fruizione per tutto il nucleo familiare. Dal bambino di pochi anni all'anziano, tutti hanno dimestichezza con la televisione e la sua periferica, ovvero il telecomando.

L'accesso ad internet illimitato apre le porte ad un'assimilazione col mondo del web via PC con profonde ripercussioni anche nei videogiochi. Per rimanere in ambiti a noi vicini, il passaggio dall'esperienza single player al multiplayer.

Le manifatture televisive come Samsung, Sony e Sharp stanno accelerando la corsa a queste "Smart TV". La denominazione non è casuale, ha forti analogie con "Smart Phone". Le televisioni intelligenti rappresentano la prossima decade, un salto tecnologico e distributivo paragonabile all'evoluzione dal mobile gaming allo smartphone gaming. Da pochi broadcaster si passerà ad una moltitudine di contenuti erogati da soggetti diversi, il risultato finale sarà la parcellizzazione dell'esperienza a schermo e, ad oggi, la frammentazione delle piattaforme: Apple Tv, Google Tv ed una serie di piattaforme proprietarie come la "Net Tv" di Philips.

Il produttore olandese ha equipaggiato i Philips LED Serie 7000, 8000, 9000 e Cinema 21:9 Platinum, i lettori Blue-ray Serie 8000 e 9000 e i sistemi di home theater Immersive Sound HD con la piattaforma Net Tv.

Nell'offerta italiana di contenuti video, news, lifestyle ed entertainment disponibili gratuitamente per l'utenza, ha fatto capolino il primo videogioco.
Ancient Legion, sviluppato dall'italiana DigitalFun, è il primo tv game di nuova generazione nato e pensato per sfruttare al meglio le potenzialità del collegamento ad internet. Un balzo avanti rispetto alla classica proposta di giochi stand alone interattivi da anni disponibili su Sky, Fastweb e Mediaset Premium. Dai generi puzzle, carte e piattaforme, la connettività abilita nuove esperienze ludiche.
Ancient Legion permette ai giocatori di immergersi in un mondo fantasy, svolgere missioni, evolvere il proprio eroe, acquisire poteri magici, incantesimi, armi e armature per competere fra loro in sfide, battaglie e tornei. E inoltre possibile frequentare la chat di gioco, arruolarsi in clan e gilde e comunicare con tutti i giocatori tramite piccioni viaggiatori.

Armati di telecomando, è possibile gestire il proprio eroe virtuale nel difficile viaggio tra i regni del gioco dove combattimenti e cooperazioni lo aiuteranno ad evolvere le statistiche personali. La connessione internet consente di interagire con altre migliaia di giocatori, un immenso MMORPG alla stregua di World of Warcraft.

Ho avuto la fortuna di partecipare al progetto in qualità di Vice Presidente di DigitalFun sin dagli esordi nel 2007. Volevamo partorire un rpg in grado di girare "cross platform" sui device connected di nuova generazione avendo intuito la futura frammentazione dell'esperienza tra cellulari, smartphone, televisioni, Facebook e qualunque altra diavoleria il mercato fosse stato in grado di sfornare.

I primissimi risultati in ambiente wap furono sorprendenti. L'idea fu originariamente sposata dall'operatore Wind che decise di proporlo come servizio interno alla propria base utenza. Centinaia di migliaia di giocatori si avvicendarono nei primi due anni dando vita al più grande MMMORPG, dove la M aggiuntiva sta per Mobile. Nello stesso periodo Ancient Legion fatturò quasi 500.000 euro, divenendo di fatto il primo free2play di successo in Italia. In seguito il titolo venne lanciato anche su Vodafone e 3, per poi sbarcare su Facebook e iPhone sebbene con minori fortune.

La smart tv rappresenterà un terreno di conquista per sviluppatori indie e produttori di titoli casual, ma anche il pubblico hardcore potrà beneficiare di questa evoluzione tecnologica.

Onlive è un progetto potenzialmente distruttivo. Il 17 giugno 2010 ha debuttato commercialmente negli Stati Uniti promettendo la rivoluzione attraverso l'abbattimento delle barriere fisiche. Il servizio di "cloud gaming" non richiede nessuna console o supporto fisico come dischetti e cartucce. Addirittura nessun download! Tutto è basato sullo streaming di titoli di qualità console direttamente sul proprio PC, smartphone o televisore, una Youtube dei giochi. L'unica richiesta imprescindibile è una banda minima di 3mbit, soglia ormai comune negli Stati Uniti ma ancora acerba in Europa dove il progetto partirà a fine 2011 nella sola UK per poi allargarsi al resto del Continente.

Nel dicembre 2010 la start up americana ha immesso sul mercato un piccolo adattatore, "MicroConsole Tv Adapter" venduto a 99 dollari, da collegare alla televisione ed al cavo di rete. Istantaneamente si è pronti per accedere alla pletora di titoli AAA messi a disposizione da una ventina di Publisher famosi: Ubisoft, Take Two, Codemasters, Atari, THQ, Warner Bros per citarne alcuni. In tre minuti si installa la periferica grande circa quindici centimetri ed ulteriori quindici secondi sono necessari allo Start del gioco.

L'evoluzione della piattaforma è affascinante. Nei primi sei mesi un qualsiasi PC diventava strumento d'accesso ai giochi in streaming. L'indubbio vantaggio risiede nel far girare Mafia II su computer obsoleti, privi dei requisiti tecnici oggi fondamentali per far girare dei titoli di nuova generazione. L'innovazione Onlive semplificava uno dei problemi alla base della morte del mercato PC Games nei negozi. Anche un comune personal computer rappresenta una barriera di ingresso. Il gradino evoluto successivo è rappresentato dal MicroConsole Tv Adapter. Con l'equivalente di ottanta euro si trasforma per la prima volta il televisore in una console. Titoli di altissima qualità, a 1080p in alta definizione con velocità di sessanta frame, in grado di girare su una semplice scatoletta. Il paragone con la concorrenza viene immediato, Sony, Microsoft e Nintendo non potranno mai competere sul fronte del prezzo.

La digitalizzazione dell'esperienza consente nuove forme di commercializzazione. Non solo il classico modello di "pay per play" ma anche demo e "rental". Prima di acquistare il prodotto in versione completa è sempre possibile provarne una versione dimostrativa giocabile. Se questo non fosse sufficiente, gran parte della line up è "affittabile" per tre o cinque giorni. In un arco compreso tra le 72 e le 120 ore, è possibile godersi la versione "Full PlayPass" ad un prezzo variabile dai 3.99 e 8.99 dollari. Per molti titoli questo sistema potrebbe essere più che sufficiente per avere un'adeguata esperienza ludica, altri ancora saranno incentivati al passaggio a prezzo pieno per godere al meglio dell'aspetto multiplayer nel corso del tempo.

Dare all'utenza l'idea che sia essa a scegliere il costo e il tipo di fruizione è un vantaggio competitivo enorme. Onlive lo ha capito bene, e da Febbraio ha introdotto una quarta modalità di interazione. "PlayPack" è un abbonamento mensile da 9.99 dollari che consente all'utente di accedere in maniera illimitata ad una libreria di titoli. Gli inglesi la definirebbero "All you can eat", possibilità di godersi decine di titoli, non sono incluse le ultime novità, ad un prezzo vantaggioso.

L'idea non è certo nuova, si è parlato di offerte similari lanciate da Netflix nel mercato dei DVD o in ambito mobile con operatori telefonici che offrivano vantaggiosi abbonamenti per fare il pieno di contenuti su telefonini. In qualsiasi segmento venga applicata, questa strategia porta sempre all'allargamento del bacino di utenza, soprattutto quelle persone basso spendenti estremamente sensibili alle fasce di prezzo. Già nel mondo fisico dei videogiochi il fenomeno è noto. L'edizione Platinum dei titoli Playstation ha portato nelle case di milioni di persone titoli di qualità, ormai datati, grazie al dimezzamento del costo di vendita al pubblico. Poi ci hanno pensato le grandi catene commerciali a svendere l'invenduto accatastando in ceste decine di titoli, addirittura a 4.99 euro!

La totale digitalizzazione dell'esperienza consente ad Onlive di esasperare la politica commerciale con offerte da 9.99 dollari. Non vi sono più i costi di packing per i Publisher, i punti vendita vengono totalmente saltati, nessuna royalty per i proprietari di console, un mix esplosivo in grado di "regalare" ai giocatori prodotti come NBA 2K10 e F.E.A.R. 2 a prezzi irrisori.

L'ultimo tassello evolutivo si compirà nel 2011 quando la piattaforma sarà totalmente "smaterializzata". L'architettura software ed hardware verrà inserita direttamente in strumenti d'uso comune. L'annuncio è stato dato nel corso del Computer Entertainment Show di Las Vegas, i televisori (VIA-Plus), lettori Blu-Ray e tablet Vizio supporteranno lo standard rendendo possibile il gioco istantaneamente mediante il semplice utilizzo del pad.
E' prevedibile un sempre maggiore supporto da parte dei produttori hardware, alla stregua di quanto già accade con i servizi digitali Netflix e Pandora.

Figura 53 - MicroConsole Onlive.

Glossario

Una premessa è d'obbligo. Il libro abbonda di termini inglesi, non già per darsi un tono ma per l'inevitabile influsso che il mondo anglosassone ha avuto e avrà su questa industria. Molti dei principali sviluppatori e publisher hanno sede in paesi di lingua inglese e di conseguenza la gran parte deal produzione culturale risente di questi influssi. Ho deciso di non localizzare molti vocaboli perché molti di voi li ritroveranno spesso in altre pubblicazioni e sono, o saranno, pane quotidiano per chi opera nel settore.

AAA: I titoli "Triple A" si distinguono dalla massa per l'elevata qualità di produzione spesso accompagnata da budget significativi.

Add On: Un'aggiunta posteriore al lancio. Può trattarsi di un nuovo livello realizzato dallo sviluppatore o dagli appassionati (MOD) oppure una nuova periferica come Kinect che sfrutta un hardware pre-esistente.

Advertising: Pubblicità, in questo libro sempre intesa come pubblicità digitale.

Apps: Abbreviazione di Applicazione, spesso correlata al mondo mobile.

ARPU: Average Revenue Per User, metrica che definisce il fatturato medio generato da ciascun utente

ARPPU: Average Revenue per Paying User, metrica che definisce il fatturato medio generato da ciascun utente pagante

Break even: E' la linea di pareggio tra soldi spesi e soldi ricavati. Se io investo un milione di euro in un videogioco, superata tale soglia di ricavi posso dire di aver raggiunto il break even e da quel momento in poi genererò utile.

Casual: Si potrebbe scrivere un libro unicamente su questo termine, in Gamification indica la figura di giocatore "casuale". Si connota per brevi sessioni di gioco, curva di apprendimento immediata e preferenza per piattaforme non native per il gaming (Facebook, cellulari, online)

DAU: Daily Active Users, metrica che definisce il numero di utenti attivi giornalmente. Solitamente utilizzato in ambito social game.

DLC: Downloadable Content, un contenuto scaricabile che serve a migliorare/allungare l'esperienza di gioco. Spesso usato in associazione ai contenuti digitali fruibili via Xbox Live, Playstation Store e WiiWare. Si differenza dal Freemium in quanto la versione base del prodotto tende ad essere a pagamento, e su questa si innescano ulteriori esborsi economici dell'utente. Ad esempio Call of Duty: Black Ops lo si acquista dapprima in negozio a decine di euro. In un secondo momento sarà possibile scaricare nuove mappe al prezzo di 15 euro cadauna.

Download: Scaricare un prodotto digitale sul device, sia esso internet o telefonino.

Drag & Drop: Nell'interfaccia grafica di un computer, indica il cliccare su un oggetto, trascinarlo e poi rilasciarlo.

Early Adopter: E' un utente precoce in grado di catturare le nuove tendenze, soprattutto in ambito tecnologico, e farle proprie divenendo un utente della primissima ora.

Embedded: Nel nostro caso pre-caricare un contenuto all'interno di un dispositivo facilitando l'esperienza dell'utente.

Engine: Motori, spesso grafici, che fanno da base ad un videogioco o una serie di videogiochi. Possono essere utilizzati esclusivamente a scopo interni o venduti a terze parti per facilitarne i processi di sviluppo.

Entertainment: Ogni attività in grado di intrattenere le persone, dando una risposta al loro tempo libero.

Free to play: Anche noto come F2P, è un termine in voga sin dai primi anni 2000 ad indicare titoli online gratuiti in contrapposizione al modello a "sottoscrizione" reso popolare da World of Warcraft. Anche i titoli free to play presentano dei meccanismi di monetizzazione, a volte basati esclusivamente sulla pubblicità, in altri casi introducendo delle micro-transazioni. In quest'ultima declinazione la voce tende a identificarsi con Freemium.

Freemium:Vocabolo contenente sia il termine Free (gratuito) che Premium (a pagamento). Molto in voga nell'economia web 2.0 non è inizialmente concepito per i videogiochi. Nella sua accezione originale indica un unico prodotto disponibile sia in versione gratuita, anche se limitata in varie forme e modi, sia a pagamento permettendo l'accesso alle caratteristiche complete. Nel tempo il termine è stato fatto proprio anche dall'industria dei videogiochi, dapprima in maniera appropriata e poi andandosi a confondere con free2play.

Hardcore: In questo libro è solitamente riferito allo stereotipo del giocatore console 13-35 di sesso maschile. Indicare un giocatore che impiega una fetta importante del suo tempo libero videogiocando su console.

Impressions: Nel linguaggio pubblicitario indica il numero di volte in cui un banner viene visualizzato all'interno di un sito online.

IP: Intellectual Property, si è spesso parlato di IP Originali ad indicare i giochi concepiti internamente allo sviluppatore senza ricorrere a marchi esterni come pellicole cinematografiche, volti noti dei fumetti ed altro ancora.

Mass Market: Mercato di massa

MAU: Monthly Active Users, metrica che definisce il numero di utenti attivi mensili.

MMO: Massive Multiplayer Online, giochi in cui è possibile interagire con migliaia, e più, giocatori sparsi per il mondo grazie ad una connessione internet.

Multiplayer: Sfidare o cooperare con una o più persone all'interno di un gioco. Può avvenire sia fisicamente all'interno di uno stesso locale che virtualmente mediante connessione internet.

Multi-tasking: Persone in grado di svolgere contemporaneamente più azioni. Tendenza tipica delle nuove generazioni in associazione al giocare, guardare tv, ascoltare musica, scrivere un sms quasi in simultanea.

Pay Per Download: E' la formula tradizionale di pagamento in ambito online/mobile. All'utente viene chiesta una somma in cambio dell'accesso al gioco nella sua versione completa.

Peer to Peer: Abbreviato spesso in P2P, è una rete informatica paritaria. Spesso è associata alla possibilità di scambiare contenuti tra utenti e non più in modalità dall'alto verso il basso. Napster ne fu antesignano.

Porting: Portare un prodotto da una piattaforma ad un altra

PSN: Playstation Network è un servizio gratuito di community e gioco online per Playstation 3 e PSP. AL suo interno è disponibile il Playstation Store dove acquistare DLC a pagamento.

Retail: Negozio o catena di negozi. Il termine viene spesso utilizzato ad indicare la vendita di un bene fisico in contrasto ad uno digitale.

Revenue Share: E' un sistema di pagamento tra due parti in cui a ciascuna spetta una percentuale del prezzo al pubblico. Nel mondo pre Ecosistemi Aperti, era d'uso che la parte principale spettasse al proprietario della piattaforma di distribuzione. Con l'avvento dei mobile application stores la concezione si è ribaltata, ora è lo sviluppatore a trattenere la fetta più importante del prezzo al pubblico. Ad esempio su App Store di Apple un gioco tariffato dieci euro, vedrà il creatore riceverne sette ed Apple trattenerne 3.

Score: Punteggio

Sequels: Indica la successione di nuovi capitoli. Ad esempio Tekken 2 è un sequel di Tekken.

Singleplayer: Un gioco o modalità di gioco che porta l'utente a interagire in solitaria con la macchina.

Start up: Termine inglese molto utilizzato anche in Italia ad indicare una impresa in nascita o nata da poco.

Triple A: Termine di settore che identifica i prodotti ad altissima qualità.

Unique Users: Utenti unici, metrica utilizzata ampiamente nel mondo web ad indicare gli utenti unici che mensilmente hanno fatto accesso al sito.

User Generated Content:

WiiWare: E' una sezione del canale Wii Shop disponibile per tutti gli utenti Nintendo Wii. Al pari degli analoghi servizi offerti da Sony e Microsoft, questo negozio virtuale consente di acquistare giochi digitali a pagamento.

Xbox Live: E' il servizio Microsoft per i possessori di console Xbox e Xbox 360 che consente loro di giocare online e svolgere una serie di altre azioni tra le quali acquistare DLC dal negozio Xbox Live MarketPlace. Per sfruttare pienamente di tutte le opzioni Microsoft richiede un abbonamento mensile.

SOMMARIO

Prefazione 7
L'autore Fabio Viola..22
Ringraziamenti 23
SIAMO TUTTI GIOCATORI 24
    Definizione di Gioco..24
    Il primo casual game è femminile...25
    Il Successo Cross Mediale del Milionario 30
GENERAZIONE DIGITALE 36
    Generazione G 36
    La disarticolazione dell'industria "Fisica".............................39
    La morte dei giochi PC nei negozi..45
DA GIOCATORE A VIDEOGIOCATORE 51
    Il profilo del videogiocatore..51
    La maledizione dei 200 milioni 60
    Dalla cameretta al salotto 65
VIDEOGIOCHI PER TUTTI 73
    Massificazione Muscolare 73
    Massificazione Mimetica..80
    Massificazione Distributiva 87
TELEFONO O GIOCO? 96
    Il fenomeno della telefonia mobile 96
    Storia del Mobile Gaming...101
    One Touch Games...120
    Distribuzione alternativa...124
L'ERA DEGLI SMARTPHONE GAME 128
    Ecosistemi Aperti..128
    Strategie di Self Publishing...135
    Il content discovery dal basso 148
    Da Global a Glocal..154
IL GIOCO DIVENTA SOCIALE 157
    Definizione Social Game 157
    Il gioco da Prodotto a Servizio..163
    Le Due Ere del Social Gaming 165
    Virtual Good Economy 187
    Social Game, real life..194

GAMIFICATION 200
  Meccaniche di gioco nella vita quotidiana..200
  Connected Toys 205
  Il futuro del gioco su TV..207
  Glossario 214